源流运动　出品

观看之外

博物馆展览中的

历史与人

王思渝　杭　侃

主编

文物出版社

图书在版编目（CIP）数据

观看之外 ：博物馆展览中的历史与人 / 王思渝，杭侃主编． —— 北京 ：文物出版社，2022.6
ISBN 978-7-5010-7707-6

Ⅰ．①观… Ⅱ．①王… ②杭… Ⅲ．①博物馆－展览会－文集 Ⅳ．①G265-53

中国版本图书馆CIP数据核字(2022)第092109号

观看之外：博物馆展览中的历史与人

编　　者　王思渝　杭　侃

责任编辑　谷　雨
统　　稿　赵　毓　陈时羽
责任校对　阮思晴
责任印制　张道奇

出版发行　文物出版社
社　　址　北京市东城区东直门内北小街2号楼
邮　　编　100007
网　　址　http://www.wenwu.com
经　　销　新华书店
制版印刷　天津图文方嘉印刷有限公司
开　　本　710mm×1000mm　1/16
印　　张　16
版　　次　2022年6月第1版
印　　次　2022年6月第1次印刷
书　　号　ISBN 978-7-5010-7707-6
定　　价　128.00元

历史：从过去传到将来的回声

杭侃 北京大学考古文博学院教授

　　"源流运动"的"观展"栏目要出第二本展览评论了，这次的主题是"博物馆展览中的历史与人"。2016 年 1 月，"源流运动"设置了"观展"栏目，初心是想能够通过展览评论，推动展览水平的提高。经过三年的努力，2020 年"源流运动"推出了第一本合集《观看之外：十三场博物馆展览的反思与对话》。结集出版的时候，"观展"栏目已经发表了 38 篇文章，《观看之外：十三场博物馆展览的反思与对话》收录了其中 13 场国内外博物馆展览的评论性文章，并增加了策展人的访谈。现在，通过"源流运动"的持续努力，截至我完稿的时候，"观展"栏目已经积累了 78 篇文章，可以进行一些专题性的探索，故有了这本《观看之外：博物馆展览中的历史与人》。

　　目前，中国的博物馆事业得到前所未有的重视，根据《2021 年中国博物馆行业发展现状分析》提供的数据：截至 2020 年底，全国备案博物馆 5788 家，其中国家一、二、三级博物馆达 1224 家，"十三五"以来我国平均每 2 天新增 1 家博物馆。这些博物馆中数量最多的还是历史类博物馆，因此，探讨如何在博物馆中阐述历史与人，具有很强的现实意义。

这个书名中有几个主题词：历史、人、博物馆展览。这几个主题词涉及历史是什么？历史由谁来叙述？博物馆在历史叙述中的角色。历史是什么呢？历史是对过去的讲述和诠释。过去是已经发生的、客观的、唯一而确定无疑的存在，但历史不是。复杂的过去有无数的方向与无数的线索，就如同眼下被新冠肺炎疫情困扰的我们，有着无数的故事，这些故事都是真实的。但是将来化为后人讲述的历史的时候，这些现在的真实终究会被简化成历史的有限方向和有限线索，虽然我们在讲述历史的时候，理应遵循真实的过去，但是讲述出来的历史终究与过去不再相同。所以，在英国学者阿诺德（John H. Arnold）眼中，历史是一个过程，一种论辩。历史一词在古希腊的原义是"探究"，历史学可以引导我们去探究、辨析、沉淀。

历史是由人叙述的，但是，博物馆展览中的历史叙述，又和一般的历史叙述有所不同。2010年，国家文物局和意大利文化遗产与艺术活动部共同主办了"秦汉—罗马文明展"。在讨论展览大纲的时候，有一位老专家问我："谁教你的汉代就有丝绸之路？"我对这位老先生说，您不主张汉代有丝绸之路的文章我看了，但是，我在大纲里采用的是中学历史教科书里的说法。历史学家是历史叙述的主要群体，我们需要尊重历史学家个人的观点，但博物馆具有公共性。那么，博物馆对历史叙述的公共性由谁来决定呢？我在上海工作期间，有一个展览大纲送上级行政主管部门审查，行政部门的主管要求展览的观点都遵循白寿彝先生主编的《中国通史》。展览的主题思想我们可以按照《中国通史》中的论述去表现，但是，展览是由展品组成的，《中国通史》不可能对展览中的展品都有所阐述。同样是展现秦汉与罗马的历史，我们有不同的视角可以展开，"秦汉—罗马文明展"最终是选择了文明对比的角度去叙事，比如汉代的纸张和软笔，对比的是罗马硬笔书写系统的文物；我们有精美的玉器和漆器，罗马有华丽的金银器和玻璃器；同时，我们也选择了铁器和陶器进行对比，阐释文明的不同特性。

历史叙述离不开对人的叙述，而历史叙述中的人，往往是具有代表性的人。不论是本书中"千古风流人物"展现的苏轼，借以讨论历史中的个体与个体背后的历史，还是"栋梁"希望通过有关梁思成先生的细节而展现大师的日常，都是对典型人物的叙述。正如王铭铭先生所言，博物馆是一类有纪念碑性的建筑，博物馆的收藏挑选的是有代表性的物。同时，我们的视角也越来越多地关注普通人的生活，不论是"目光向下"的史家胡同人家的寻常，还是"永远有多远"试图揭示的物背后的观念，关注的都是群体中的人。我们过去常说人民才是创造世界历史的动力，更加完整的表述应该是历史既是人民群众创造的，也是代表性人物创造的。

　　博物馆的叙事离不开物，但是如何透物见人一直是一个有待进一步探索的问题。百年来的考古工作为我们积累了大量的田野发掘和调查材料，构成了中华文化巨大的物质文明基因库，也成为许多博物馆中的基本收藏。但是，考古工作者试图通过手铲（考古工作者使用的最常见的一种发掘工具）解读的埋藏在广阔大地上的"地书"，却又变成了考古报告所呈现的"天书"。2004 年，李零先生在《读书》杂志上重提"考古围城"时说：

　　"如果没有出来进去行内行外的沟通，还谈什么'传播'。你只要把该挖的挖出来，记下来，存档查档，也就够了。公众不读考古报告，也读不懂考古报告，这没错，但沟通并非不可能。我说，考古需要知识的普及化和通俗化，这不等于说，考古报告也可以通俗化。相反，我强调说，这需要转换，而且是很复杂的转换。"

　　可喜的是，越来越多的人意识到普通的物在人类历史进程中的作用，也意识到这些物在历史叙事中的作用。贾雷德·戴蒙德（Jared Diamond）通过枪炮、病菌与钢铁讨论"最近13000年来所有人的简短历史"，徐天进先生希望通过"吃喝拉撒"以及一些具体的物，去加强对个体生命的认知，种种观念层面的变化，都正在逐步改变着博物馆的叙述内容与叙事方式。

在讨论博物馆展览中的历史与人的时候，我觉得人的方面，还需要注意观众的变化。我们的展览不论以什么样的方式去呈现，最终都是在展现给观众看。国际博物馆协会自成立以来，对博物馆的定义进行了多次修正，其中变化最大的就是博物馆作为一个公共文化机构所服务的对象。看看我们周围正在发生的变化，就知道我们身边的物在发生着变化，我们身边的人也在不断发生着变化。人类发明了手机且不断改进着手机，手机也在不断改变着人类的生活方式，包括我们的参观行为。

所以，博物馆展览中的历史与人，有许许多多有趣的话题。最近，我正在策划云冈博物馆举办一个以鲁迅藏石窟拓片为主题的展览，看了许多鲁迅的资料，鲁迅说"北大是常为新的"，我也希望"源流运动"是常为新的，能够不断给博物馆界带来更多的思考。

我思，故我在。

序 二

博物馆展示历史的多元维度与可能

王思渝 北京大学考古文博学院助理教授

博物馆对历史的展示在很长时间内被认为是理所应当的。但是，博物馆这样的机构在面对历史的时候究竟可以展示什么，以及如何展示，实际上仍有进一步讨论的空间。

从博物馆展览研究的角度来说，近年来常见两方面的趋势。

其一，将研究的重心围绕在展览术的层面，关心如何更好地展示历史本身。展览的叙事、历史的视觉呈现、展览对历史真实的还原及其与学术重心的契合或背离等话题，均是这类研究中讨论的重点。

其二，将研究的重心围绕在人群、身份或表征等问题之上，尤其关心曾经被主流文化忽略的人群能否在展览中重塑自我的认同。这看似是一个更为"当代"的问题，但是实际上，在这当中也涉及不同人群的历史书写的问题。

这两方面的趋势实际上可以被进一步整合起来看待。

◆ 什么样的历史

博物馆有必要进一步考虑自身可以展示什么样的历史。博物馆常被认为是最有机会接触到来自于历史的一手材料的机构之一，这从某种程度上也意味着，博物馆所面对的历史是最为丰厚的。那么，当面对如此丰厚的历史之时，博物馆所做的任何一次展示都难以穷尽所有的历史；因此，博物馆必然需要思考自身展示历史的维度。

类似的争议在史学研究当中也常出现。尤其是在史学史的研究当中，其争论的重点便长期围绕在史学家们作为有选择的个体将目光看向哪里，以及如何看历史的问题。

对于博物馆而言，以线性历史为轴、现代性为基础的时空观已经成为当代博物馆在展示历史之时的逻辑基础。同时，民族国家模式的推广也使得以实物来建构并强化民族国家历史的意识被更多的博物馆所接受，并由此形成了博物馆展示历史的主流模式（毕竟，大量的博物馆正是在这样的动机下被催生的）。

这样的模式到了 21 世纪之后开始出现了一系列的变化。变化之一在于，博物馆自身的数量不断"爆炸"，博物馆的类型也愈发繁杂，新的博物馆需要不断证明自身与既有的博物馆的区别。如此一来，也便有了越来越多的博物馆不再满足于传统的展示历史的模式，开始寻求新的突破。受一系列因素的影响，也受相关学科的诸多学术转型的号召，博物馆所展示的历史从过去二元并立的主流模式开始扩展出更多元的历史维度。

我在这里想要表达的"二元并立"的模式，是指以物为中心的器物史式的叙事，与以民族国家为基底的宏观叙事之间的并立。这二者构成了过往博物馆世界中最常见的图景。

而"更多元的历史维度"则至少表现在以下几个方面：

在展示到具体的历史话题或历史对象时，将目光聚焦到更为微观的个体身上，强调个体更为丰满的生命史，及其与大时代之间的呼应关系；

强调更为长时段的历史本身的建构；

展示的重点不再仅仅局限于还原历史的真相或事实，而开始寻求从历史中抽象出更为宏观乃至主体性意识更强的哲学问题，在实证之外更看重对历史的解读乃至阐释；

强调更多元的身份表征与历史展示之间的关系，诸如地方性、民族、种族、性别、移民、难民、后殖民时代等都成为常被论及的议题，强调在这个过程中赋予这些身份自我言说的权利空间，从而呈现出更多曾经被忽视的历史内容。

以上，都可以被看作是博物馆展示什么样的历史在维度上的丰富和多元。

◆ 如何展示

对于博物馆展览来说，"如何展示"的问题通常会被拆解为内容设计和形式设计两个方面。本文乃至本书所关注的问题主要集中在内容设计层面。我们不难发现，随着"什么样的历史"这一问题的转变，内容设计层面的材料、叙事等问题也会随之转变。

材料的问题看似理所当然，但是在过往的博物馆世界中却缺乏足够的重视。我国的博物馆在对历史材料的选择上，一直惯于与出土文物和历史文献"打交道"。但是，随着如上文所述的个体性、地方性、长时段、更广义的身份表征等问题愈发得到重视，在今天的诸多博物馆展览案例中，如图像、传说、口述史、民族志乃至更为当代之物等材料在搭建起展览所需的脉络框架时所扮演的作用也愈发重要。这些材料在过去并不一定被看作是"信史"，甚至与"史"无关，因此，在博物馆世界当中也一直徘徊在"主流"的门槛之外。如今对更为多元的历史的重视，实际上也为博物馆提出了更新的挑战。例如，仅将目光对准传统的出土文物和历史文献是否足够支撑博物馆此时的叙事野心？如若不能，那么在展示之前，博物馆的收藏和研究是否也应迎来一场材料层面的转变？面对这些"新"材料，展示的时候能否给予其应有的位置，而不会仅让其被覆盖在"重器"和"精品"的光芒之下而成为一种辅助？

除了材料的问题之外，如果我们采用一种广义上的"叙事"定义，不难发现，在更为经典的历史展示当中，以时间线为轴、秉持"以物证史"的核心逻辑、追求知识传达和中立权威的叙事口吻是众多博物馆在过去更为常用的叙事手法。近年来，随着展览所关注的历史在更宏大（如大时代、长时段等）或更聚焦（如个体、群体或区域等）的问题之间有了更为精细的企图心，随着包括传说、民俗、口述史等在内的其他材料的介入，展览的叙事方式也开始出现了变化。例如：整个展览的叙事脉络开始不必恪守于时间线的传统；展览叙事的口吻也愈发亲民，为了增进代入感，第一人称叙事在展览中不断出现；旁证或互证作为一种叙事方式也得到了更大程度的重视；有时，为了表述或突显某些更为抽象性的历史哲学问题，并置与对立的手法开始被大量使用；"讲故事"式而非教科书式的腔调显得更强，从而，特定的"物"在展览中的存在意义不再仅为了实证某一具体的历史信息，而有可能是为了服从于某一故事性的叙事动机。

以上，均代表着博物馆在如何展示历史这一问题上所存在的可能性。

◆ 关于本书

上述的这些发展与变化在本书的讨论中都将得到不同程度的展现。

2020 年初，由杭侃教授与我共同主编、源流运动出品的《观看之外：十三场博物馆展览的反思与对话》（以下简称《十三场博物馆展览的反思与对话》）一书正式得以面世，并引起了诸多读者的讨论。该书脱胎于微信公众号"源流运动"观展栏目的部分展览评论文章而成，旨在对国内外部分启发性的展览予以更细致的观察，以及与策展人之间展开对话，剖析展览背后的故事。此书推出之后，我们的工作还在继续，"源流运动"观展栏目还在不断地更新。到了今天，我依然认为，以一种评论和对话的方式来理解一个又一个的展览案例是有效的；对于正处在发展阶段的博物馆学而言，这种个案式的观察是更有意义的。也正由此，促成了本书《观看之外：博物馆展览中的历史与人》面世。

相较于公众号，也相较于《十三场博物馆展览的反思与对话》，本书的主题内容更为集中，所收录的展览案例，都围绕着"历史与人"这样的关键词而展开。同时，本书在体例上也做出了诸多的更新。

首先，考虑到博物馆展示历史的问题实际上不仅仅是博物馆的问题，它也涉及包括但不限于历史学在内的诸多相关学科的推动，因此，我们特意邀请到北京大学的徐天进、陆扬、王铭铭三位老师进行了专访。这将成为本书的第一部分，从相关学科的视角来重新反思博物馆展览的变化。

其次，本书选择了九场国内外不同的博物馆展览来展开讨论，作为全书最主要的九个章节。这九场展览对应的也正是上文我在论及"什么样的历史"和"如何展示"时所涉及的种种变化。在对这样的九个案例进行分析之时，我们首先单独留出了一部分篇幅对每一个展览案例做出基本的介绍，这既是为了让读者能够尽可能快速地了解到该展览的全貌，也是为了让评论者最大限度地集中笔墨于单独的评论部分，尽情发挥。其次，我们邀请了来自不同学科的青年学者就这九场展览进行独立的评论，以他们的个体视角来理解和剖析这些展览的精彩以及缺憾之处。这对应的是书中的"观看"部分。最后，在条件允许的情况下，我们也邀请到了青年学者与该展览的策展人进行对话，理解策展人从一个创作者角度的所思所想，让评论者的第三方视角与之进行碰撞。这对应的是书中的"对话"部分。

此外，我想有必要再次强调评论的意义。我们之所以选择主要以评论的方式来实现案例观察，而非采用更为结构化的论文写作的形式，原因在于：博物馆展览本身作为一个复合体，想要从纯粹文本的角度、以结构化的体例加以解构，这本身存在一定的难度和片面性陷阱；博物馆学本身目前尚未发展出一套足够系统的方法论来弥补这样的困难。因此，在这个过程中，我们索性采用学术化评论的办法，让有着多学科敏锐视角和扎实学术积淀的作者们从各自的眼光出发来开展写作，也不必受限于结构化的论文写作可能给他们带来的桎梏和限制。如此一来，这样的文字或许更能揭示其要害。同时，对于博物馆学自身的发展来说，也不失为"如何建立起一套关于博物馆展览研究的系统化方法"的一次尝试，也可成为未来研究和再批判时的对象。对于实践而言，如果博物馆展览能够被看作一种类似于艺术的"创作"，那么，评论从来都是艺术世界中不可或缺的一分子。它为

〔右页图〕

史家胡同博物馆"回家串门儿"展览
〔图片由史家胡同博物馆提供〕

作品建构起了基本的话语空间，也为激励更"好"的创作做出了不可轻视的贡献。

　　总而言之，从《十三场博物馆展览的反思与对话》到《博物馆展览中的历史与人》，我希望通过我们近年来零星的工作，能够让更多的观众、读者不断意识到展览的价值、博物馆的价值，尝试以不同的视角去观看展览、观看博物馆。当然，也观看这个世界。

目 录

学者谈：不同学科视角下的『历史』与『人』

徐天进
———
陆　扬
———
王铭铭

对 话

寻找考古材料的"料理师"

访谈者

王思渝

访谈对象

徐天进 北京大学考古文博学院教授

主要研究方向：商周考古、公众考古

王思渝：徐老师您好！您作为一名资深的考古学家，同时也主持或参与策划了多场博物馆展览，今天我们策划这样一本讨论"透物见人"、在展览中书写历史和人物身份的书籍时，特别想听取您对一些问题的看法。其实，"透物见人"在考古学当中经常被提到；但与此同时，我们好像又总觉得，今天国内的博物馆对考古文物的展示不足够"透物见人"。您怎么看待这样的现象？这背后的原因是什么？

徐天进：你说的这种现象我觉得首先要看学术研究领域是怎样的，学术研究与博物馆展示这二者是相辅相成的。现在的考古学研究也谈"人"，但是考古学谈的"人"是什么样的人？我觉得考古学谈抽象的人比较多，比如国家起源、政治制度、复杂社会、重构历史等，这是当下考古学的研究取向。如此一来反而羞于去谈"吃喝拉撒"以及一些具体的生动的事。这些研究没有做，那么自然无法转换为展览的内容。

王思渝：但其实我们有的时候去看考古学的材料，常开玩笑说，"灰坑"其实就是垃圾坑，大部分都是古人的生活材料。这难道不意味着考古学的优势之一正在于补充这种生活史层面的内容吗？

徐天进：这也反映了我们当下研究中存在的一个问题，大家会觉得你刚刚说的这个题目不够"高大上"。例如，我们好像只关心"大遗址"，"小遗址"就不重要了。但实际上如果没有"小遗址"，谈何了解整个古代社会呢？类似的是，我们做展览也是集中在那些精品文物、重大发现之上，没有谁愿意展示一个"灰坑"。考古学家们经常会说陶片特别重要，但实际上很多陶片最后进不了报告，也进不了展厅。这里面还是有很多观念层面的问题。中国的考古学始终是历史学取向的，而我们的历史又很多是在讨论帝王将相、王朝更替，这影响了我们对学科内什么问题重要、什么问题不重要的判断。这也就进一步影响了我们的博物馆展览呈现出来的只能是"主流"的面貌。"非主流"的展览缺乏"非主流"的学术研究作为支撑，这是个相互关联的生态。

王思渝：说到学术研究层面的问题，我觉得是不是还存在一个难题，那就是：从方法论层面，中国的考古学一直受实证主义的影响颇深。这会影响到，无论是研究还是展览，在想要"透物见人"的时候，有些问题会无法用材料来实证，因此我们便也不能去谈那些问题了。

徐天进：考古材料对于理解很多问题其实是有局限的，例如，在还原某一个具体的历史事件时，考古材料经常会捉襟见肘。学科是有边界的，不是任何问题都可以靠考古解决。此外，现在的考古学界也有些阐释性更强的研究，但这些研究通常会被看作"不靠谱"，很难在学界内形成共识。这里面存在的一个倾向是，大家在努力寻找正确的唯一解。我觉得唯一解是不存在的。试想我们生活中的物品，如果离开了它的使用者对它的解读，我们作为"外人"来看这些物品，几个人能够看出其中的意义？类似的是，考古学的遗物其实也正是离开了它的使用者的一系列物品，我们对它的解读只能是"貌似"有理，不可能绝对真实。绝对真实真的存在吗？我们活在这个时代，但你能描述清楚你这个时代的全貌吗？何况考古面对的那个时代已经是过去了的时代。对待一盘菜，每个人都会有自己的感知。菜品本身的咸淡与否，这是一个层面的真实，是重要的；但是对于吃的人来说，他所感知到的咸淡，这种真实不能说不重要。在观看展览的时候，我们完全可以允许观众看到的内容与策展人本来想表达的内容是不同的，这种观众层面的感受是很重要的。在这种情况下，考古所提供的应该是一种尽可能"健康的食品"，例如我们的地层、地点、基本信息是没问题的，但是具体的"咸淡"可以让观众去认知。

你所说的无法实证的内容就无法做成展览的现象，这背后的原因还在于，我们做展览的时候都是把观众看作被启蒙的对象，我们有一种"居高临下"的姿态，"你们都是不懂的"。这当然也不能说完全不好。但我会希望在将来看到更"平等"一点的展览，能不能让观众自己来认知呢？我觉得不仅是要让文物活起来，最主要是要让人"活"起来。当这个出发点不同之后，做出来的展览可能就是不同的。策展人和学者们实际上不一定要给"物"创造一个故事，我们可以告诉观众我们看待"物"的方法，我们可以引导观众来接近考古学家的思维，来思考怎么看"物"。

王思渝：您说的这种希望，是否可以理解为从知识传达走向知识启发的一个过程？但是我发现，学界对于这个问题似乎没有表现出太大的企图心。

徐天进：学界的企图心，还是停留在我向你证明我有哪些重大的研究成果，从而证明我所做的工作是有意义的。学者们还是要对自己做的事更有信心。

王思渝：我们刚才聊的问题中，是不是还存在着从考古研究到考古策展之间的一个转换问题？我们好像缺乏好的"料理师"？

徐天进：这首先还是因为这些"料理师"对"食材"的了解不够。我们看到一块"肉"的时候，我们觉得它只能"红烧"，不知道它还可以"清蒸""煮汤"等等。

王思渝：这是不是考古学家应该完成的工作？

徐天进：也不一定。我觉得在今天的考古学家和博物馆之间应该再存在一批人，能够来完成这项"加工"和"料理"的工作。

王思渝：这里面还有一个问题，那就是考古材料要及时地共享出来，供这些"加工"和"料理"的人来工作。

徐天进：关于考古材料的共享问题，我觉得近年来还是有进步的。但是考古学家以什么样的姿态参与到展览当中去，这是值得探究的。现在很多博物馆的考古类展览其实也不是考古学家做的。

王思渝：那您觉得考古学或者考古类展览最大的意义在哪里？

徐天进：我期待的考古类展览，不是要"炫"，而应该追求"真"。同时，考古学对于个体而言的意义应该被进一步地认知。在我看来，考古能为我们提供特别多的知识，就是通常所谓的"见多识广"，做考古的人的生命的维度和尺度会因此而延展。这就类似于，一个从小生活在家乡的人，和一个整天满世界"飞"的人，他们确实会有很多的不一样。这会是这个学科能够给个体带来的本质的变化。博物馆本身也应该是一个让人"见多识广"的场所，它对人的影响是潜移默化的。我觉得真正的好展览，不是一种运动或者事件，而是能够成为一种日常，"润物细无声"，这样才能提升人的涵养，不要期待一场展览把你教育成什么样。

再者，今天我们对待古今、东西方有一种二元对立的倾向。我时常会考虑古今一体的问题。我们今天用的碗和考古发现的碗都是类似的造型，它反映的人的生活习性也是类似的。我也很期待做一场这样的展览。

对 话

史学与博物馆历史展览

访谈者

王思渝

访谈对象

陆　扬 北京大学历史学系教授
主要研究方向：隋唐五代史、史学理论

王思渝：首先感谢陆老师接受我们的访谈。在博物馆学里面，我们很重视博物馆展览和历史的关系。有的时候，我们甚至会天然地觉得，博物馆就是一类展示历史的机构。当然，我这里说的是一个"大历史"的概念。博物馆并不是一类新近的存在，但是近年来，无论是从展示视角还是展示方式层面，博物馆在展览历史的时候，似乎也开始出现了一些变化。您作为一名历史学家，也经常看展览，能否谈谈您所看到的博物馆展览的变化？

陆　扬：我自己经常去看展览，我比较关注的是以历史文物或者经典艺术品为主体的展览。我觉得从我所看到的一些展览来说，确实有比较明显的变化。

以前的展览呈现的更多是一种长期在某种思维模式下的经典化，这些作品往往早已形成自己的一套评价模式。而现在的展览思路不再仅是呈现所谓的重要的艺术品，开始更关注某个阶段的人的生活状态。展览的世界观，或者说展览的目标，已经转向了。在这个意义上，展览不再特别突出什么是我们要欣赏的东西，而是要让观众看到一个更全面的情境。"我们到博物馆去看最重、最好、最精美的艺术"的思路慢慢被抛弃。这样的话，展览的题材、主题都在扩大，有一种平等化的过程。"一般"的艺术作品和"最好""最精美"的艺术作品会放置在一起，展览更注重的是呈现一种学术脉络，以及对历史的思考。

王思渝：在博物馆学的一些研究当中，会把包括您刚刚所说的现象在内的一系列转变看作是史学从"上层""精英"转向"下层""平民"之后，在博物馆世界中所呈现出来的转变。您怎样评价这样的转变？

陆　扬：无论是史学，还是展览，去呈现"下层"这样一群不同的人，不是那么容易的。因为任何的呈现一定要有一条主线，为了突显主线，肯定就免不了要"压制"另外一些东西。所以展览怎样实现一个平衡，永远会是一个问题，是一个重点。

王思渝：我可以将这样的变化看作是当代史学转变的结果吗？史学的转变推动博物馆的转变？

陆　扬：我觉得它是历史学与公众对话的一个结果。不完全是史学在背后推动，有多股力量的存在。尤其是在西方的学术背景下，历史学本身学术演进的一个基调就是要挑战公众意识，挑战既有的、大家接受的历史模式。历史的职能是要让大家对接受的东西加以反思。另一方面，我们确实可以发现近年来公众的声音在兴起，不同族群的声音在这个背景下很响亮、很明显。展览变化的背后动力也有可能来自于这些族群。展览毕竟是一个面向公众的东西，而不是一个纯粹的学术研讨。有些题材有时会突然消失，有时又会突然受到大家目光的关注。

王思渝：那您觉得这多股力量彼此之间有交集、有关系吗？有的时候我们也会看到评价，说史学现在所呈现出来的种种变化本身也是公众力量推动下的产物？

陆　扬：当然有关系。历史学家要影响一般公众对既有历史框架的认识；反过来说，公众的诉求也迫使很多经历了专业学术训练的展览主办人不得不考虑突出哪些方面，这是一个相互妥协的过程。而你说的这种情况在不同的国家也会有些不太一样。例如，同样是谈族群问题，在德国谈和在美国谈就不太一样；我们国家会更爱谈大文明、大传统的问题。

王思渝：历史学界现在会怎样评价公众对历史学的这种影响？您前面也提到，史学和展览都需要在不同的叙事版本中寻找一种平衡。历史学界会很乐于接受这样的变化吗？

陆　扬：这个问题比较复杂。历史学作为人文学科的一部分，不是一个客观的、可以机械地罗列的东西，它始终在做一个微妙的平衡。每个时代不管多么开放，都有一套隐性制约的模式。历史学现在所能看到的主体趋势依然是批判的，为没有声音的人或者声音沉默的大众发声。至于这样的趋势好或不好，历史学界对这个问题的答案是多种多样的。

史学首先还是要处理问题。史学的发展趋势实际上和史学家所能掌握的材料关系非常密切，它在相当程度上受到材料的制约。不管你多有想象力，都不可能去谈一个完全没有材料来说明的问题。过去的一些史学更偏重的材料仍然是来自"上层"的。例如，史学喜欢关心制度，制度一定与"上层"的关系最密切，至于"下层"，制度的落实很多时候在材料上是看不到的。

王思渝：是真的没有这方面的材料，还是因为史学家们忽略了这方面的材料呢？

陆　扬：我觉得不完全是忽略，这样的材料确实很少，当然也不是完全没有。现在有很多出土的文献会突然告诉你一些更基层的故事，但是这样的材料要到宋元以后才慢慢多起来。

所以我觉得"旧史学"向"新史学"的转变里面，可能有一定的原因是研究阶段和研究偏向的影响。社会史虽然很重要，但是有的时候缺乏真正鲜活的材料。当然史学家有能力、有想象力，可以把一些看起来有限的材料做最大限度的利用，这个是史学研究人本身的能力和素质，那是另当别论的。

王思渝：您这么说让我突然想到另外一个讨论：有这样一种评价，觉得中国的史学依然处在一个更依赖材料考证的实证主义的状态，但是对史学理论的建构、

"史学书写"这样的问题，关注度仍然是不够的。

陆　扬：我觉得是存在"跟着信息材料走"的倾向的。我自己始终觉得还是应该树立一个有意识的思维框架，然后再去接触这些材料，努力发掘这些材料。这两者之间的自我的主体性是不太一样的。

其实这里面可能还有一个盲区，史学家要意识到很多时候这些材料被留下来是偶然的，之后可能有另外一套材料被留下来，这可能也是偶然的，所以这两者之间，如果只从追求证据的角度来讲，很难说这个证据一定比那个证据更有代表性。不同材料的出现，并不是改变了一个主线条，而是让你看到本来就有一些不同的存在。这种不同是原先就存在的，是一种共存的情况，而不是说一个东西取代了另一个东西，所以如果"追着材料走"，就相当于一个材料取代了另外一个材料，材料之间分出了"重要"和"不重要"。这是中国史学的一个问题。

王思渝：我之所以这么问也是考虑到我国博物馆的历史类展览的情况，我国的历史类展览好像一直对"材料"有很高的追求。

陆　扬：在我看来，国内存在一个现象，历史学界与博物馆界是分开的，属于两个不一样的群体。历史学家很少关心怎么通过展览的方式呈现其历史思想，这或许也是因为我们传统历史学的训练里面对视觉的训练比较少。博物馆需要考虑视觉的呈现，不管这个视觉呈现的对象是个艺术品，还是一个日用品。在我们传统的史学训练里，很少对物质和形象的东西敏感。我们的历史学家虽然可能很精通文献，但对历史物件的构成、物件提供的信息仍然敏感度有限，最多是把它当作史料来用。

历史学家与博物馆之间也存在着隔阂。我平常的一个印象是，历史学家也不是对展览不感兴趣，重要的展览也会去看，但其出发点不太一样，他们很少关注展览是怎样构成的。历史学家看博物馆其实反而是很基本、很朴素的一种观看方式。

王思渝：这可能也源于，我们有时候会觉得，历史学家的主要任务应该是坐在书斋里写历史、写书。那么一个历史学家，到底在多大程度上有义务和兴趣来面对观众呢？

陆　扬：我觉得历史学家是有必要且有义务去做这件事情的。

在历史学没有变成现在这么高度细化、专业化之前，历史学家本身就扮演了一个向公众提供历史经验与历史知识的社会角色，这是这种身份得以存在的一个很重要的原因，也是他受到尊敬的原因。历史学家写得很专业的历史学著作，也是要让公众读的。只不过，后来随着历史学的专业化，教育公众不再是历史学家最重要的职责，他最重要的任务是进行学术的挑战、重新思考既有的模式、发现新的问题，当这些成为他最主要的职责以后，面向公众的职责就居于第二位了。

当然，现在也有史学家在写更通俗的东西，毕竟历史仍然可以通过一个相对传统的叙事方式来呈现出新的想法。但是这毕竟只是现代历史学的一个部分，现代历史学更主要的精力在于它的专业性的建构。而这一套东西要呈现的话，除非对方也很专业，否则就很难理解。所以这还涉及公众的受教育程度问题，这同样在不同的国家是有差别的。这不是单向的，不是说历史学家做得好还是不好，还关系到他面对的对象是不是能够接受、有没有能力去消化，这是很重要的基础。

对于历史学家来说，看多了比较有思想的展览，会发现对事情的看法也会有所改变。我现在最喜欢的艺术史类的展览，恰恰不是那种所谓的超级大展，我喜欢那种特别有构想的，看完以后能改变你的想法、突然对你造成影响的展览。展览提供了一个新世界，而不是对旧世界的复原。

历史学家平常处理的问题很多都是局部性的问题，很少把它放在一个立体的三维空间里面去考虑。如果你现在给历史学家一批策展的材料，让他告诉你要用什么组合来视觉呈现，这其实对史学家来说是一个很大的挑战，但是会触发他新的思考。通过这个呈现，历史学家原来的很多模糊的想法可能会变得清晰，原来没有注意到的问题现在需要被注意到。所以对于历史学家来说，这种工作本身其实非常重要。所以这还不仅仅是一个公共性的问题，这本身是一个专业提升的过程。

在我看来，博物馆是一个教育公众怎么去思考的场所，怎么去看一个事情、认识一个东西、理解一个场景，这是书本没有办法取代的，是一个更立体化的东西。博物馆如果只是被动地在既有框架下呈现一些问题，便失去了它所拥有的一些资源优势。我希望现在的博物馆展览要走出这一步，要在不同的程度上思考一个问题：办这个展览究竟是为什么。

王思渝：您觉得有可能依靠历史学家在更大程度上参与博物馆展览来改变上述的现象吗？

陆　扬：博物馆工作的群体应该有其独立性。所谓独立性就是真正有一套自己的视角和方法，既能够与学术界紧密地结合、吸取，同时在某方面又能体现出他自身的专业性。史学家可以"客串"去策个展，但是毕竟不是博物馆直接的从业者。博物馆还应该有一个整体考量，怎样去教育公众，博物馆自身怎样定位等等。不同类型的博物馆应该是不一样的，都需要做自己的定位，主体性是很重要的。

对 话

展示人与物

访谈者

王思渝

访谈对象

王铭铭 北京大学社会学系教授
主要研究方向：人类学

王思渝：首先，感谢王老师接受我们的访谈。我们这本书关注博物馆展览中的"人"的问题，我记得您在一篇文章中曾经用"显"与"隐"来形容文化展示。您的表述让我非常受益，但我也会进一步考虑更多的问题。例如，在展览中如何挑选有代表性的物，如何让观众看到物背后的文化、身份和社会，一场展览似乎永远无法穷尽多元性和复杂性等等。您怎么看待这一系列的麻烦？

王铭铭：我的那篇小文章出自一个主题发言，当时是想表明，我们的博物馆事业需要纠正其极端世俗化的偏向，向传统的、富有神圣性的收藏（隐）和展示（显）方式学习。这些方式当然包含你提到的"物背后的文化、身份和社会"之类的内涵，但其中更为重要的，恐怕还是因为其有"神圣性"而具有更高的感召力和"魅惑力"。

你提出如何挑选有代表性的物这个问题，我们的祖先在这方面是有值得我们继承的处理方式的。比如，历史上的节庆，被理解为不同"社"的"会"（"社会"一词，就是这么来的）。一个大规模的节庆，离不开不同"社"或地方的参与，而它们的参与方式，就是从自己拥有的东西中挑出那些珍稀的物品，让这些物品与来自其他"社"或地方的物品在同一个空间场合中竞赛、互动、融合（"会"），从而制造出节庆的景观与音响。这里包含两条相互关联的"哲理"，一条是地方的特殊性是超地方的伟大的土壤，另一条是竞赛、互动、融合是地方特殊性得以显现的"机会"。这两条依旧存在于乡间节庆中的"哲理"对于我们把握"代表性"是有重要帮助的。它们表明，所谓"代表性"，必须同时在差异与比较—关联中产生。选择有代表性的物，就是选择有他我之辨的东西，而若缺乏比较—关联，这些东西的差异是看不清的。同样，若是一场大规模展示缺乏多样的内涵，那也便淡而无味，甚至毫无价值和魅力。一场展示，就像一场节庆，应为不同的"地方性知识"——无论是传统的，还是现代的——参与其中提供空间，也应为这些"地方性知识"成为有普遍意义的"知识"提供竞赛、互动、融合的机会。

当然，你兴许更关心具体的技术操作问题，不过我想，这类问题首先需要在"原则"层面上思考，否则没有自我纠偏的可能。

王思渝：刚才我们讨论的"代表性"的问题让我想到，在人类学的方法论中常提一种"整体论"的视角。这曾经也是博物馆的一个理想。但事实上，一旦博物馆开始挑选物、抽离物、展示物，就可能不再"整体"了。这可以被看作是种"悖论"吗？

王铭铭：整体论并不意味着人类学（民族志）文本需要面面俱到，它只意味着我们需要有整体关联的想象力。这样一种看法是针对现代割裂主义倾向而提出的，反对的是将某些"重要方面"割裂于"其他方面"的武断做法。你的问题很尖锐，若是我理解无误，那么你的意思大概是说，一旦我们对收藏展陈之物有了"代表性"上的要求，那我们便难以克服割裂主义的毛病了。我觉得，更麻烦的问题是，一座博物馆不可能将整个世界搬进来收藏和展示，因而它注定就是割裂主义的产物。一方面，我觉得割裂主义恐怕是任何意义上的博物馆或展示的"命"，我们要"认命"；另一方面，我又觉得，尽管如此，我们还是有必要借助人类学对于"整体的想象力"的阐述，来深挖和呈现"代表性之物"的整体价值。要做到这项工作，研究是重点。我认为我们的"人类学展示"要基于研究来呈现，形成研究、教学和呈现一体的体制。我们存在太多还没有研究就随便呈现的案例，这是我们的展示缺乏整体论意味的原因。总之，整体论意味着我们还需要许多耐心。

王思渝：人类学的研究在今天看来似乎与博物馆的关系有一些疏远了。但是从早期来看，博物馆和人类学其实都曾经在彼此的发展过程中扮演着极为重要的角色。您怎么看这二者之间的关系？

王铭铭：我有几个七八十岁的西方人类学家忘年交，我去他们的房子住过，发现他们的家居有一致的特点，就是布置得很有民族志内涵，其陈设、挂图，乃至日常烹调，都很"民族志"。曾几何时，人类学家都相当好古，相当喜欢林惠祥先生说的那些古物和"民俗风俗品"。年轻一些的人类学家是不是不再如此？我看是有变化的。现在的许多年轻一代人类学家更喜欢在理论上跟风，对他们来说，积攒"民俗风俗品"好像不是很有趣。你说的近与远，好像是在说，老一辈人类学家与博物馆之间的关系更近，而现在的人类学则与之疏远了。我们大体是可以这么看的，也可以借此来激励自己别忘本。

不过也不要惊慌，因为还是有一些重要的好例外。比如，一位法国人类学家"新锐"（尽管听说他已退休），不仅做非常好的民族志和理论研究，还组织过非常好的展览，甚至出版过非常好的展览图册。人类学的奠基人，如英国的泰勒、德国的巴斯蒂安、美国的波亚士、法国的莫斯，都曾是博物馆中的人。人类学在根上与博物馆交缠在一起。此后一个阶段，部分人类学"社会学化"，与博物馆的关系疏远了一些。然而，从总体上看，人类学的这一"博物馆之命"，这一文化研究、珍藏与展示的"天职意识"，不会消亡。除了文字创作之外，人类学家还习惯通过不同方式来呈现其所见所闻，博物馆便是其中一种重要方式。我认为，对人类学学科而言，博物馆式的展示很重要。一个理想的人类学机构，如林惠祥先生畅想和实践过的，必须是系、所、馆三位一体，其中"馆"便是博物馆。相信现在有人类学科的高校会慢慢意识到人类学博物馆对于"美育"乃至世界主义、"文化自觉"可能产生的贡献，也会给这类博物馆相当的发展空间。

王思渝：在博物馆学里面，我们经常谈"透物见人"、重塑身份表征等理念。这样的理念好像在人类学界也有声音，您怎么看这样的理念？

王铭铭：我最近的一些作品批判了社会科学的人类中心主义，坦率地说，对"身份表征"这样的概念我也有反感。我觉得对从事田野工作的人类学家而言，重要的兴许不是"透物见人"。我们面对的是一个个会说话的活人，他们给我们的不同表情和印象，传递给我们的信息和话语，所作所为都是可见可感的。我们在田野情境中与他们交往、交流、互动，进行"参与观察"，"见人"一事是容易做到的。过去一百年间，人类学家重视研究人的社会性，深信通过"直接观察"便能得到有关社会性的充分信息。由此，他们反倒常常忽视了我们采访的活人的"作"与"作品"。等到未来，这些物件会成为未来考古学家的"对象"。研究所谓"物质文化"的人类学家是有的，但与考古学家不同，大多数人类学家的问题恐怕是"见人不见物"。人类学之所以有人类中心主义，一方面是由于它面对的是活人，与会说话的活人对话有其"方便"；另一方面，人类中心主义还与过去几百年来西式社会科学发明、维持的一种将非人之物的世界疏离于人文世界之外的做法相关。在这种社会科学里，人之外的"非人他者"并没有决定性的意义，其"社会作用"可以忽略不计。我在我的一些作品当中想表明，这个看法是有严重问题的，它使我们无法理解"传统社会"，在这些众多的社会里，自然与人文往往不能割裂，人文总是可以找到自然之源。总之，我深信社会科学需要很长的一段时间来反观自身，对"人论"的反复论证，及对"身份表征"话语加以根本批判。我也深信，博物馆展览可以通过将人及其民族身份重新放到"非人世界"中，进而做出更多的贡献。

王思渝：今天国内的博物馆语境好像还存在着一个有趣的现象。一提起博物馆，大家第一时间想到的会是文物；提起人类学，大家第一时间想到的会是民族学；提起人类学式的博物馆展览，大家似乎模模糊糊联想到的会是那些以少数民族为展示对象，或发生在少数民族地区的展览。您怎么看待这样的现象？

王铭铭： 现在我们能看到的人类学式博物馆的确主要就是"民族博物馆"，这类博物馆目前主要是有区域级别的。我曾经去过不少民族博物馆，这些博物馆在西部往往被直接称为"某某州"或"某某县"博物馆，西部的这些博物馆与人类学（或民族学）的渊源深一些，其地方史的色彩淡一些。比如，在展陈内容上，它们更重视民族文化的物质、制度、精神的基本样貌、区系分布、历史脉络和"整体性格"，这与人类学——特别是文化人类学的传统关怀大体是相续的。这类博物馆原本多用进化历史时间性来界定特定民族的整体文化面貌，比如凉山彝族奴隶社会博物馆就是一例。严格说来，这也是人类学式的，不同的是，它属于老式人类学的风格。当然，"民族博物馆"因少了一个"学"字，在旨趣上与人类学或民族学产生了分化，使自身与德国、俄罗斯、日本等的民族学博物馆或者英美的民族志博物馆有所不同。

如今你说的那种"以少数民族为展示对象，或发生在少数民族地区的展览"正在发生根本性的变化，民族博物馆正在变成文化遗产类博物馆。从本质上说，文化遗产与之前民族博物馆展示的老物件、老生活方式、老思想是一回事，但有了一个新称呼之后，其内涵正在产生转化，诉求也有变化。过去民族区域的博物馆，重视的是特定民族所处的历史阶段为何，而现在这个阶段论的"排序"转化成了特征论的"刻画"。特定民族文化在物质、制度、精神上的特殊性，似乎已经成为各地展览的主要内容，而特殊性也被认为是有用的，它除了有用于特定民族的文化自我认同，也有用于文化遗产的开发（需表明，我个人并不喜欢"开发"这个词）。从宏观看，进化论历史时间性向"无时间的"文化遗产的转化似乎是主导的潮流，而这个转化具有文化政治性与商品性的双重轨迹。

针对人类学，特别是对于人类学在中国的发展，我曾经提出"三圈说"。我的一方面意思大体是说，我们的人类学其实有城乡、民族、域外三个研究对象上的地理范围，我们的前人有的注重汉人城乡"核心圈"研究，有的注重"你中有我，我中有你"的民族"中间圈"研究，有的早已开拓了中国的域外视野或"外圈"的研究，并且，在这些领域都有重要的学术积累。相比于百年来中国人类学的学术积累，我们的"人类学博物馆"除了民族这一类，其他两类似乎都还没有。我们的城乡研究社会学化比较深，追求理论性和应用性，同行学者对文化展示兴致缺缺。反倒是近年"美丽乡村"之说提出之后，乡间才有一些民宿开发者表现出对乡土文化展示的浓厚兴趣；同时，一些城市出于旅游业方面的目的，也出现了类似的东西。对学界，这些来自民间的东西，都是值得关注的。至于域外民族志博物馆，其实数十年前便有建设上的倡议了。1949 年厦门解放后，我国人类学奠基人之一林惠祥先生便提交了一份《厦门大学应设立"人类学系""人类学研究所"及"人类学博物馆"建议书》，其中特别强调南洋研究和南洋各民族文物的收藏展示，明确提出"人类学又需要考察异民族，这也以南洋为最多"，同时强烈建议成立人类学博物馆，并在该博物馆内收藏和展示史前史、中国古代史文物，及来自南洋、印度、日本等周边国家的"现代民俗风俗品"。林先生的这篇建议书不仅是人类学史上的重要文献，也是人类学博物馆史上的重要文献。这位先贤有关域外文化展示的设想，在 20 世纪 80 年代复办的人类学博物馆中部分实现了。可惜的是，最近这家博物馆似乎又变成中国古代史的博物馆了。

上面说这些，意思是我们的人类学式博物馆存在着你看到的那个问题，即局限于境内少数民族文化的展示。我认为，我们应同时发展不同类的展示，还应有城乡类和域外文化类的，更应畅想在时机成熟之时建立一个严格意义上的人类学（或民族学）博物馆，以便展现"置身于世界中的中国"——即他者与自我相互关联的中国的文化面貌。

王思渝：所以从您个人而言，您会希望看到怎样的博物馆或博物馆展览？

王铭铭：这些年，我们在博物馆建设上的投资很大，已引起世人关注，我们

对于文物和文化遗产也特别重视。有了这些，我们的展览内容丰富多了。而随着不同的文化精英群体对于博物馆展览的介入，我们的展览形式也更加多样化。加之国家对于博物馆建设给予了空前大额度的资助，我们的博物馆展览场所建设和优化也得以广泛进行。在这样的背景下，博物馆展示出现了"以大为美"的倾向。博物馆的确是一类有纪念碑性的建筑，而要有纪念碑性，规模上的确是有要求的。但是，一旦我们只是重视规模，那我们制造的博物馆建筑很可能是苍白而空洞的。展示的内容和形式也是一样，我们要重视内容和形式的多样性，但不要"以多为美"，特别是要避免以堆积相同的展品为目的。我个人觉得，有博物馆的社会应该向没有博物馆的社会学习，因为后者的博物馆因素是在生活世界中的，对这一事实的研究，兴许会有助于我们更整体地把握博物馆这类事物的本质特征，从而有助于我们优化博物馆。所谓"民族志博物馆"，其实就是这么来的。而且我相信，未来一段时间，国内学者还会对博物馆的美感加以讨论。博物馆展示若是只有枯燥的内容，没有与艺术一样的魅惑力，那它们是不会有充分的生命力的。我们的展示，似乎等待着与艺术更多的合作。

〔左页图〕

艺术微喷"情书"之10
(作者蒋志，出自杭州工艺美术博物馆"永远有多远"展览，图片由杭州工艺美术博物馆提供)

1

历史中的个体与个体背后的历史

博物馆擅长展示一件又一件的作品，也擅长透过作品窥探隐藏其后的作者。事实上，无数个"作者"都曾诞生在历史的洪流中，部分人走上神坛，也有不少人就此沉寂。历史赋予了每一个个体更为丰富的使命，个体也在与历史不断地互动中创造了历史。擅长"见物"的博物馆，能否将目光投向更长时段的历史，去看到更为复杂的个体？

故宫博物院

『千古风流人物——故宫博物院藏
苏轼主题书画特展』

苏公之才
于形、于意、于心

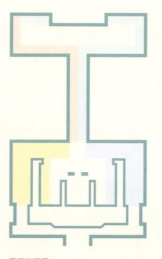

展览地点

故宫博物院文华殿

展览时间

2020 年 9 月 1 日—10 月 30 日

展览结构

第一单元：胜事传说夸友朋

第二单元：苏子作诗如见画

第三单元：我书意造本无法

第四单元：人间有味是清欢

展厅平面图

第四单元：人间有味是清欢
第三单元：我书意造本无法
第二单元：苏子作诗如见画
第一单元：胜事传说夸友朋

苏轼（1037—1101年），号东坡居士，北宋著名文学家、书画家。苏轼在诗文、书画等方面的卓越造诣备受推崇，同时其高雅的生活品位与豁达的人生态度也深受后人敬仰。故宫博物院是中国苏轼墨迹收藏最为集中的单位之一，同时还藏有部分苏轼师友的重要作品，以及大量受到苏轼影响和能够反映其艺术思想的相关艺术作品。这些藏品的时代跨度从北宋至近现代。

本次展览以这些馆藏为基础，精选出60件（套）与苏轼相关的书画和碑帖，辅以部分器物和古籍善本，同时借展少量其他博物馆的藏品作为必要补充，从苏轼的交游与时代、文学创作、书法艺术及其影响、生活情趣与人生态度等不同角度，向观众充分展示苏轼的艺术造诣与人格风范。

— 展览内容 —

◆ 第一单元：胜事传说夸友朋

本单元透过苏轼的师友、弟子及学生，如欧阳修、王安石、司马光、黄庭坚、秦观、米芾、李公麟之辈的作品，展现了苏轼的交游圈以及北宋这样一个灿烂的文化时代。

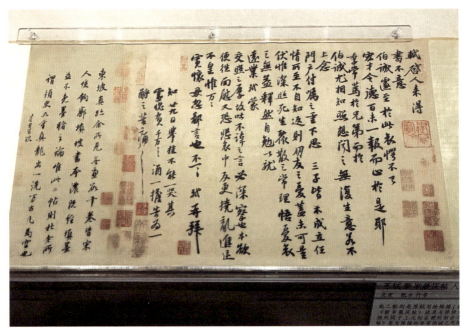

图1 苏轼《新岁展庆帖 人来得书帖》合卷局部

展品如明代李宗谟绘制的《东坡先生懿迹图》，通过绘制苏轼生活中的十三件逸事，表现了苏轼丰富多彩的一生。而《灼艾帖》则是欧阳修写给友人的一封书信。北宋嘉祐二年（1057年），苏轼入京参加贡举，欧阳修作为主考官将其定为第二名，二人自此结为师生关系。而《新岁展庆帖 人来得书帖》合卷均是苏轼写给友人陈慥的书札，其中《新岁展庆帖》是邀约陈慥与李常同于上元时在黄州相会之事，《人来得书帖》则是为陈慥的哥哥伯诚之死而慰问陈慥所作。《题王诜诗词帖》是苏轼为好友王诜自书诗所作的题跋，苏轼时年五十一岁。其内记述了宋英宗的驸马王诜因受"乌台诗案"牵连而贬至武当，却处之泰然。朱耷的《西园雅集记》和丁观鹏的《西园雅集图》则是以元祐文人苏轼、黄庭坚、米芾等十六人在王诜府邸西园进行雅集活动为题所创作的作品。

◆ 第二单元：苏子作诗如见画

本单元借由苏轼自书诗文及后人据其诗文创作的书画作品，展现苏轼的文学造诣和影响。

展品如《自书诗》卷为林逋应友人之索而书诗五首，卷后有苏轼书和诗一首。林逋为北宋初年著名隐逸诗人，隐居西湖孤山，其诗文、书法及人品都深得苏轼赞佩。两位著名诗人的书作合璧于一卷之中，相映生辉。《三马图赞并引》残卷是苏轼为李公麟所画《三马图》书写的赞文。苏轼书写此文时已六十二岁，书法笔墨更加沉稳从容。《超然台记》卷乃张瑞图所录苏轼《超然台记》，《超然台记》作于北宋熙宁八年（1075年），苏轼时任密州（今山东诸城）知州。苏轼增葺城中旧台，其弟苏辙为之取名为"超然"，苏轼以此为题作撰写记，借以阐发对于道家超然之乐的理解。此卷用笔峻利，结体扁方，是张瑞图成熟期行草的典型代表。《前后赤壁赋》卷为文徵明录苏轼《前后赤壁赋》，格调高雅，法度严谨，

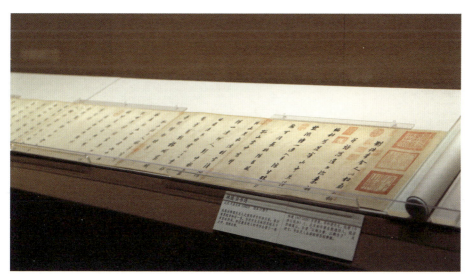

图2　林逋《自书诗》卷局部

是文氏小楷书的代表之作。

◆ 第三单元：我书意造本无法

本单元通过展示苏轼的书迹、对苏轼产生影响以及在苏轼影响下产生的书迹，突显其在书法史上的地位与意义。

展品如《明拓苏轼书醉翁亭记》册、《宋拓苏轼书丰乐亭记》册均为苏轼所写的大字楷书，为苏书代表作。《治平帖》是苏轼早年学习王羲之风格的作品，笔法精细，字体遒媚。《归院帖》《春中贴》是苏轼五十余岁的书法作品，书写自然随性，笔致萧散，兼有颜真卿及杨凝式的笔法特点。而北宋苏迈的《跋郑天觉画》页、明代吴宽的《游金山寺诗》扇页、明代董其昌的《临苏轼杂帖》卷、清代陈奕禧的《临苏轼书寒食帖》卷都是临摹苏轼书法风格的作品。

◆ 第四单元：人间有味是清欢

本单元以苏轼逸事和述怀小品文为题材的作品为媒介，表现他的生活趣味与处世态度。

展品如仇英（？—1552年）所作《竹院品古图》，画面描绘了三位文士在庭院中品鉴古玩字画的场景，其中一人的衣冠状貌与苏轼相近，据此推测其画题或为"东坡品古"。"东坡品古"是明代中后期至清代前期流行的一种绘画题材，属于东坡逸事范畴，无实指，体现了后人对苏轼的崇敬与仰慕。《明拓〈晚香堂苏帖〉苏轼书献蚝帖》是苏轼于北宋元符二年（1099年）在儋州写给幼子苏过的一封信，谈及海南盛产生蚝，可煮可炙，十分美味，并叮嘱切勿外露此消息，以免他人求谪海南，瓜分美味。此篇语言平实、幽默，反映出苏轼对生活的热爱，以及乐观向上的人生态度。

图3 《宋拓苏轼书丰乐亭记》册局部

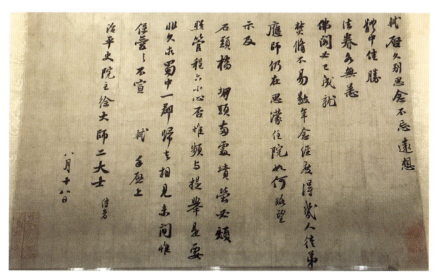

图4 苏轼《治平帖》卷局部

展览亮点

　　本次展览最常为观众所提及的亮点在于其展品之精美，集中展示了苏轼的艺术成就，对于广大书画爱好者而言是一场不可错过的精彩盛宴。与此同时，本次展览又不同于单纯的书画精品大展，而是选择围绕以"苏轼"这一中心人物，从横向和纵向两方面展开铺陈，还原给观众一个更为立体、丰富的苏轼形象。从横向来看，展览介绍了苏轼周边的人际关系，如师友、亲朋的作品，渲染了苏轼所处的时代背景；从纵向来看，展览展示了苏轼所借鉴学习的前代范本，令观众熟悉苏轼如此造诣之由来。

（图 2 由杨海峰拍摄，其余图由陈文波拍摄）

观 看

东坡的"庐山真面"

展评人

陈文波 浙江大学艺术与考古学院博士研究生

　　北宋元丰三年（1080年）二月，受到"乌台诗案"冲击的苏轼开始了在黄州（今湖北黄冈）的谪居生涯。此年五月，其弟苏辙护送兄长的眷属来到黄州，并在此短暂逗留，其间游览赤壁，写下了一首题为《赤壁怀古》的诗，而苏轼则以相同的题目填了一阕《念奴娇》，从凭吊三国古战场，写到对打开三足鼎立局面的"千古风流人物"的缅怀。也许苏轼生前不曾料及，卓越的文艺成就使他永垂不朽，其生活理想与日常形象也都成了后世文人的典范，他亦因此被视为中国乃至东亚文化史上的"千古风流人物"，被塑造成象征着超脱与高雅的文化符号。

　　2020年9月，故宫博物院举办了"千古风流人物：故宫博物院藏苏轼主题书画特展"，分四个单元展示了60余件（套）与苏轼相关的书画和碑帖，辅以

少量器物和古籍。此展总体而言叙事完整，脉络清晰，陈设亦具匠心。尤值一提的是，展览的主标题为"千古风流人物"，其中心词是"人物"，与展览前言所谓"呈现一个生动而立体的苏轼形象"互相呼应，体现了对"人"这一要素的关切。那么，作为文化符号的苏轼将如何通过展览的叙事脉络回归到具体的历史场景之中，再现其作为真实生命个体的"庐山真面"呢？

◆ 人际环境的重构

每一个人都生活在特定的时空之中，其认知活动和实践活动均受到特定的外部环境影响，苏轼自然也不能例外。在构成外部环境的诸多要素中，人际关系是相当重要的一端，这是古往今来人们的共识。北宋崇尚文治，科举取士数量较前代大为增加，知识阶层的规模随之扩大；同时，作为北宋政治文化的一大特色，士大夫因受党争影响而在庙堂与江湖之间频繁流动。这两方面情形都在客观上拓展了士大夫的交游网络，塑造了他们复杂多样的人际环境。苏轼是北宋文人士大夫的典型代表，不仅学识渊博，才思郁勃，而且心境旷达，富有生活情趣，故而人们都乐于与之结交，其交游面之广一时罕有其匹。

此展的第一单元即着力于重构苏轼的人际环境，展品既包括多件出自苏轼周边师友笔下的书札和画作，也有苏轼为他们而写的作品，还有后人对苏轼交游活动的想象与描绘。然而，对于不甚熟悉古代文化的观众来说，即便这些赫赫名迹纷然杂陈于眼前，也并不必然意味着能够从中了解它们的作者或受书人与苏轼之间的关系，不易获知他们在当日的政坛与文坛上扮演着何种角色。因此，通过一系列辅助手段来讲述片纸只字背后的故事尤为重要。

策展团队在正对着入口的墙上悬挂了一幅苏轼人际关系示意图，将数十个名字排布在"庆历老臣""元祐党人""亲属""四学士／六君子"等几个不同的圈子里，并且用颜色深浅不一的箭头简明地标注出他们与苏轼的关系。他们中的一

图1 明拓《姑孰帖》局部

部分正是第一单元展品的作者或受书人，在展签文案中，他们与苏轼结交的来龙去脉被描述得更为详细。例如，被南宋人刻入《姑孰帖》的《归去来并引》是苏轼北宋元丰七年（1084年）途经金陵（今江苏南京）拜谒他素所敬仰、此时已罢相归田的政敌王安石时持赠的礼物，该展品的展签介绍了苏、王二人政见不合而又惺惺相惜的因缘，破除了观众对展板上"政敌"这一标签的刻板印象，并由此展现了北宋士风的一个断面。当若干件不同的展品涉及同一个人物时，展签文案对其生平及其与苏轼的关系的描述并未流于简单重复，而是根据每件展品的特点各有侧重，相互补充。例如，王诜《渔村小雪图》的展签重在介绍作者对苏轼"士夫画"观念的接受，苏轼《题王诜诗词帖》的展签则重在讲述王诜与苏轼的交谊与诗词唱和，让观众了解到展板上"同辈友人"这一标签背后更丰富的意涵和更鲜活的史实。

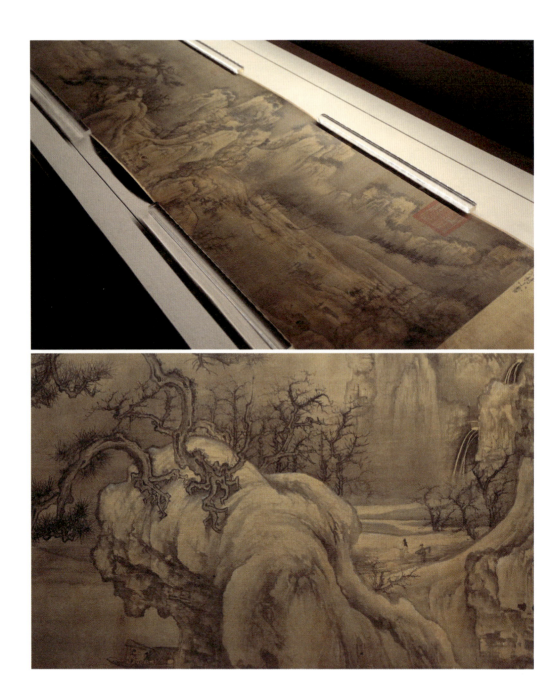

图 2　王诜《渔村小雪图》卷及其局部

用一张图来概括展品所涉人物关系的做法并非首见于此展，而图解与展签文案密切配合则可以说是此展的一个亮点。在国内一些博物馆以往举办的以古代名家为主题的特展中，展签文案内容多集中于作品题材、风格特征，较少涉及受书（画）人及其与作者之间的关系，观众往往只能从中读取有关于作品本身的基本信息。而此次苏轼特展第一单元的展签文案紧扣"人物"这一要素进行解说，对人际关系示意图作了必要的补充。

◆ 视觉经验的再现

苏轼得享盛誉在相当程度上是因为他精深的书法造诣。我们如果要了解作为书法家的苏轼，就不得不关注他的书法风格及其来源。在书法领域里，风格的形成是在特定的视觉经验中对前代书家风格进行选择和改造的结果，离不开对范本——往往是前代法书——的借鉴。因此，对苏轼的视觉世界进行哪怕是局部性的重建，也能够让我们加深对他的认识。

据与苏轼关系在师友之间的黄庭坚说，苏轼对书法范本的选择大致经历了从《兰亭序》到颜真卿、杨凝式的转变。此展第三单元为了更好地呈现苏轼作为书法家的一面，着力于在书法史的时间轴上标注出属于苏轼的那个无可替代的位置。因此，在展出五件苏轼书作的同时，也将给予他启发的前代书家名迹以及受他影响的后世书家作品一并陈列出来，其中前代名迹包括王羲之的《讲堂帖》、颜真卿的《东方朔画赞》《鲜于氏离堆记》、杨凝式的《神仙起居法》等。每一个人都有其独特的视觉经验，而这些声名藉甚的书迹便是苏轼的视觉经验中非常重要的组成部分。透过它们，观众可以进入苏轼的视觉世界，以苏轼之眼观照"二王"

《渔村小雪图》卷是王诜的传世名作，创作于他被贬之后，画中以其独创之法描绘山间水岸雪后初霁的景色，将渔人劳作与文人幽赏等场景置于同一自然环境中，以精细自然的刻画和清润苍秀的笔墨表现作者向往山林隐逸的情怀。此画充分体现了北宋时苏轼所强调的"得之于象外"的文人画创作主旨。

王诜善书画，富收藏，其山水画青绿设色者师法李思训，水墨则承袭李成、郭熙，不仅有宋代宫廷绘画的细腻笔触，更将苏轼所倡导的文人韵致融入画中。

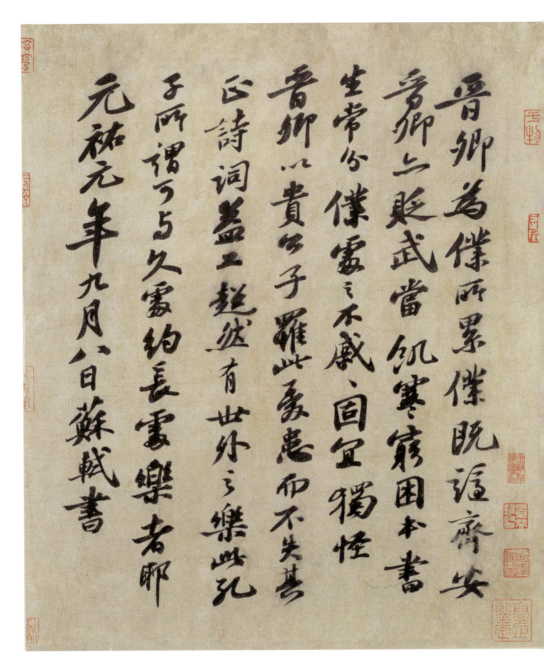

图3 苏轼《题王诜诗词帖》

以降的书法史，从而进一步理解苏轼的艺术观念和创作实践。

苏轼推崇颜真卿，在相当程度上源于对乃师欧阳修的观点的自觉接受。欧阳修激赏颜书，而蔡襄作为苏、黄以前取法颜书最为成功的书家，曾被欧阳修誉为"独步当世"。受此影响，苏轼也不遗余力地揄扬蔡书："蔡君谟书天资既高，积学深至，心手相应，变态无穷，遂为本朝第一。"这段话被转录在悬挂于此展第一单元蔡襄《京居帖》对应位置的展板上，作为对《京居帖》的补充说明。苏轼未必临摹过蔡襄的书法，然而蔡襄的书法在苏轼的视觉经验中未曾缺席。此次展出的蔡襄书迹虽然以苏轼师友作品的名义被陈列在第一单元，但事实上，除了苏轼初入仕途时曾就放欠事宜上书时任三司使的蔡襄以外，苏、蔡二人似乎并无直接交往，他们之间的关系更应该被描述为书学传承谱系中前后继承，或者说影响与被影响的关系。由此看来，《京居帖》似乎更应被纳入第三单元的叙事脉络之中，与王羲之、颜真卿、杨凝式的书迹一同向观众再现苏轼的视觉世界。

◆ "诗言志"

中国文学有"言志""缘情"的传统，优秀的作家都善于将所思所感倾注于毫端。苏轼作为一代词宗，留下了大量文学作品，这使得我们从字里行间了解其情感、志趣成为可能。此展第二单元的展品均以苏轼的诗词文章为题材，观众在欣赏笔情墨韵的同时，若能驻足品读文本，就能够或多或少地领会他临纸写作之际的喜怒哀乐，故而本单元的展品在"透物见人"方面有着得天独厚的优势。

《题王诜诗词帖》是苏轼为好友王诜自书诗所作的题跋，苏轼时年五十一岁。跋文记述，王诜因受"乌台诗案"牵连而贬至武当，却处之泰然，醉心于诗词。此帖用笔浑厚遒劲，点画丰腴妍丽；行文充满感情色彩，是为知己所作。

王诜（活跃于11世纪下半叶），字晋卿，山西太原人，宋英宗招为驸马。他与苏轼交好，常有诗文唱和。

苏轼自书《定惠院二诗》、鲜于枢书《海棠诗》、张瑞图书《超然台记》、董其昌书《书王定国所藏王晋卿画〈烟江叠嶂图〉》等几件作品均以行草书写就，观众阅读起来也许有一定的困难。策展团队贴心地为这几件展品做了

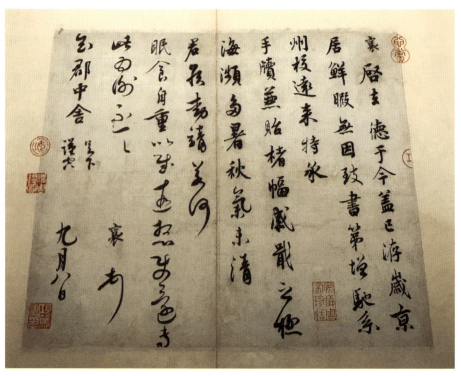

图 4　蔡襄《京居帖》

详细的释文，制作成展板，悬挂在作品对应位置的墙上，应能在一定程度上起到引导观众阅读文本的作用。第二单元的展签文案大都包含对展品文本写作情境的介绍，这对观众理解文本有一定的助益，如果能够用一两句话简要地概括文本的思想主旨，必然能够进一步缩小观众与文本作者——苏轼之间的距离。

◆ 制造苏东坡

此展第四单元力图通过苏轼的逸事和小品文来表现其超脱的人生态度，作为实现这一目标的媒介，书法与绘画表现出了明显的不同之处。逸事和小品文都是以文本的形式流传的，书法作品是对文本的直接转录，而绘画则需要将文本转化为图像，这一过程既涉及画家对苏轼形象的认知与想象，也涉及画家对所据文本的理解。相较于书法，本单元的绘画作品蕴含了更为丰富的历史意涵，浓缩了一部苏轼接受史。

仇英《竹院品古图》和景德镇窑青花人物故事图盘表现的是相同的母题——东坡博古，这一题材源于《西园雅集图》。《西园雅集图》至迟自南宋起就被大量绘制，形成了相对稳定的图式，其中与苏轼相关的局部被截取出来，逐渐演变成风靡于明清的《东坡博古图》。此次展览有两件与西园雅集相关的展品，分别是丁观鹏《西园雅集图》和朱耷《西园雅集记》，不过，它们均被陈列于第一单元。笔者认为，它们与东坡博古图像陈列在同一个单元也许是更好的选择，理由有二：首先，它们与东坡博古题材有较为明确的源流关系，展览的历史叙事应该遵循艺术史的内在理路；其次，第一单元的展品基本上是第一手材料，直接向观众呈现有关苏轼及其时代的史实，而西园雅集题材的图文则大不相同，它们展示的是后世对元祐士风的想象。

戴笠着屐是后世广为接受的另一种苏轼形象，这一形象源于苏轼谪居儋州时的日常生活，"暴雨大作，假农人箬笠木屐而归，市人争相视之，先生自得幽野之趣"。据传李公麟最早以此入画，流风所及，后世画家为表达对"幽野之趣"及其反映的乐观旷达的生活态度的神往，创作了大量的《东坡笠屐图》，翁方纲一人即收藏过若干幅，它们分别出自赵孟坚、唐寅、朱之蕃、宋旭等名家笔下。东坡笠屐这一绘画母题在明清时期的流行，使超凡脱俗的"坡仙"形象日益深入人心。

无论是《西园雅集图》还是《东坡博古图》，或是《东坡笠屐图》中，画家描绘的都未必是历史上真实的苏轼，但却如实反映了南宋以来人们对于苏轼形象的认识、想象与追慕，对苏轼所代表的生活情趣的向往使更多画家参与对这些题材的绘制与改造，从而"层累地"制造出新的苏轼形象。透过这些作品，我们可以清晰地看到，今天中国人心目中的东坡先生从何而来。

图 5　丁观鹏《西园雅集图》

图 6　《清拓东坡像》

◆ 结语

此次展览在展品选择、立意叙事、陈列设计、图录制作诸方面均达到了较高的水准。当然，所有展览都会有遗憾，此展也不例外，今试举数端如下。选件方面，诸如范仲淹《道服赞》（后有文同题跋）、王诜《自书诗》卷等与苏轼密切相关的故宫藏品均未被选入，《褚遂良赵孟頫书枯树赋合刻》（后有晁补之题跋）见于图录而不见于展厅，这些名迹的缺席在一定程度上减少了展览的看点。展陈方面，对个别展品的布置似有更优选择，如前所述，《京居帖》《西园雅集图》《西园雅集记》有更适合它们的位置，此外，《清拓东坡像》、德化窑白釉人物像以及李宗谟《东坡先生懿迹图》显然更符合第四单元的主旨，将它们放在第一单元苏轼友朋书札的前面实在显得突兀，对叙事的条理性造成了一定的影响。

当日苏轼庐山访禅，留下了一首《题西林壁》，其中"不识庐山真面目，只缘身在此山中"两句至今脍炙人口。千载之下，我们故宫访苏，却能透过精美的书画和器物，从社交生活、视觉经验、情感志趣等方面，重新认识作为真实生命个体的苏轼的"庐山真面"。尽管该展览对此的表达未必尽善尽美，但已足以让我们流连再三。

（图 2 由杨海峰拍摄，其余图由陈文波拍摄）

2

重回日常

作为大师和

博物馆在收藏和展示个体的时候，总难免给个体再加一层"圣光"。被展示的人，总是一些不一般的人。我们自然不会否认那些不一般的人们为这个世界做出的独特贡献，但还可以反思，这样的"不一般"是因何而炼成的？当我们只将目光对准"不一般"的时候，我们所看到的是否还是一个完整的人？

清华大学艺术博物馆

『栋梁——梁思成诞辰一百二十周年文献展』

以血肉之躯
仵国之栋梁

展览地点

清华大学艺术博物馆四楼 7、8 展厅

展览时间

2021 年 8 月 10 日—10 月 20 日（延长至 2022 年 5 月 5 日）

展览结构

第一部分：求学与归成

第二部分：书写中国建筑史与破译"天书"

第三部分：城市规划与文化遗产保护

第四部分：建筑设计作品与思想

第五部分：建筑教育

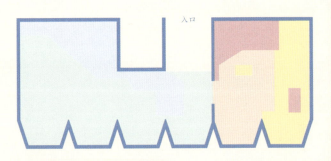

展厅平面图

- ○ 第一部分：求学与归成
- ○ 第二部分：书写中国建筑史与破译"天书"
- ○ 第三部分：城市规划与文化遗产保护
- ○ 第四部分：建筑设计作品与思想
- ● 第五部分：建筑教育

展览缘起

　　为纪念我国著名建筑学家、建筑教育家，中国建筑学科的开拓者和奠基者，建筑历史、文化遗产保护、城市规划、风景园林等学科的重要先驱梁思成先生诞辰一百二十周年，清华大学特举办了"栋梁——梁思成诞辰一百二十周年文献展"。展览由清华大学主办，中国建筑学会、中国城市规划学会、中国风景园林学会、中国文物学会联合主办，清华大学建筑学院、清华大学艺术博物馆、清华大学档案馆承办。展览展出了大量珍贵的文献资料，包括照片、影像、图纸、模型、书信、手稿以及空间装置等，向观众展示梁思成先生的学习和工作历程。

图1 "栋梁——梁思成诞辰一百二十周年文献展"展厅场景

◆ **第一部分：求学与归成**

本单元展示了梁思成在清华学校时期的学习活动与海外求学经历。清华学校时期展品包括梁思成参加各类社团、任《清华周刊》经理部成员等照片。海外求学时期展品包括梁思成在宾夕法尼亚大学学习建筑学时期的手稿、成绩单、照片，在哈佛大学学习期间的成绩单，普林斯顿大学授予的文学博士证书等，以及与林徽因在欧洲旅行的照片，参与翻译的《世界史纲》文稿等。一定程度上为观众呈现出梁思成作为一名建筑学学生，受到扎实的建筑学专业训练，以及受彼时清华学校教育模式影响，成长为自由、乐观、进取、德智体美全面发展的"通才"形象。

◆ **第二部分：书写中国建筑史与破译"天书"**

本单元的展品展现了梁思成先生在中国建筑史研究上的成果与贡献。展柜部分主要展出中国营造学社时期的大量测绘图纸、调查报告、破译《营造法式》《工程做法》的出版物、《中国建筑史》手稿等。墙面照片以时间顺序，排列着中国营造学社考察途中拍摄的系列照片。对于学社对应县木塔与佛光寺大殿的考察，展览给予了相当重要的位置，分别占据两个独立的照片展区，并配有莫宗江回忆测绘两栋建筑经过的访谈音频。另外，左右两展厅分别布置一黑色空间装置，展示应县木塔立面分析与佛光寺大殿的现状视频。这些历史文献展现出梁思成及中国营造学社同人一丝不苟的工作精神，以及梁思成在中国建筑史建构方面的开创性贡献。单元入口处对梁思成在李庄时期照片的特别强调，

图 2　普林斯顿大学文学博士证书

与李庄时期的绘图桌复原模型，更呈现出梁思成在抗战时期的民族精神与坚定信念。该单元结尾展出一张梁思成 1957 年考察北京东交民巷圣米歇尔教堂的照片，这一定程度上打破了梁思成只关注古代建筑的固有印象。另外，该单元展出了林徽因 1932 年写给梁再冰的信件，除介绍工作近况外，又可读出对日本侵华表现出的强烈民族责任感。

◆ 第三部分：城市规划与文化遗产保护

本单元展品主要包括手稿、出版物与图纸。展品如梁思成与陈占祥《关于中央人民政府行政中心区位置的建议》的图纸，与周恩来、聂荣臻等人关于北京城市规划问题的信件，《重庆文庙修葺计划》图纸，《曲阜孔庙建筑及其修葺计划》建筑现状照片、出版刊物封面，《北京城墙废存问题的辩论》手稿等。对梁思成在城市规划与文化遗产保护方面的各项成就均有所触及。

◆ 第四部分：建筑设计作品与思想

本单元在开篇词中写道："梁思成先生的建筑设计作品与思想中，始终贯穿着一条探寻中国现代建筑之路的主线，用他自己的话来说就是追求'新而中'。"展览以其参与的国徽与人民英雄纪念碑设计为开端，国徽与人民英雄纪念碑是站在现代、民族背景下能够反映"新而中"的最佳对象。其后则依照时间顺序陈列其设计作品照片与图纸，并从哈佛大学购买了梁思成参与联合国总部大厦设计时的发言视频，这是梁思成唯一一段录音。该单元结尾展出梁思成1958年访问捷克斯洛伐克的照片与1953年《建筑艺术中社会主义现实主义问题》手稿，这是其1949年后设计思想变化的印证。另外，展柜中陈设了一封1949年梁思成写给梁再冰的信，谈及参加国旗、国徽、国歌讨论会的场景，而信件开头的内容又映射出新中国的全新状态。

◆ 第五部分：建筑教育

本单元展示了梁思成从事建筑教育的历程。创建东北大学建筑系是梁思成探索建筑教育的开端，单元开篇展示东北大学建筑系师生的合影。其他展品包括梁

图3 东北大学师生合影

思成致梅贻琦组建清华大学建筑系的信件，中国营造学社并入国立清华大学的契约，梁思成等人致梅贻琦设立艺术史研究室的信件，清华大学营建系与北京农业大学园艺系合办造园组的档案等。该单元展出一封1928年梁启超谈及梁思成任教东北大学的信件："清华园是'温柔乡'，我颇不愿汝消磨于彼中，谅汝亦同此感想。"以及梁思成、林徽因与梁再冰在东北大学期间的照片，可以看到梁思成区别于教师而作为儿子、丈夫、父亲的形象。此外，展墙上悬挂了大量其在清华大学教学的相关照片，并陈列两个教具——汉代陶猪与唐三彩。该单元呈现了梁思成为探索建筑教育而不断进行的革新过程，以及作为师者与学生们相处的亲和状态。

展览亮点

　　展览的陈展顺序包含时间和主题两个线索，前两个单元以时间线索为主轴，后三个单元以特定主题为主轴。展览以手稿、图纸、信件、出版物、档案等为重点展示对象，提供了大量此前未曾公开的史料，展品贴近史实，观众从文字和照片中仿若亲历梁思成接受教育、建立中国建筑史体系、投身文化遗产保护、参与城市与建筑实践、探索中国建筑教育的道路，进而也勾勒出一个比较丰富的梁思成形象。展览在形式设计上也不乏细节亮点，例如隐喻墓碑的展柜设计、展览入口处的对景设计等。

（图片由杜林东拍摄）

观 看

关于人的纪念

展评人

杜林东 清华大学建筑学院博士研究生

这是一个纪念梁思成的展览，一个纪念人的展览。

由此可以引发几个问题：人是什么？这是一个根本性问题，关系到展览要建构什么样的梁思成，以及用什么材料建构梁思成。即如何定义梁思成？纪念什么？跳出梁思成这一具体的历史人物，又可引发对人的生存状态，以及展览是否能呈现与批判这种状态的思考。

◆ 建构作为建筑史学家、建筑师与建筑教育家的梁思成

梁思成是重要的近现代历史人物，对于一个历史人物的研究，常能用到的史料有日记、手稿、照片、档案、关系人口述等，作为建筑师，更有建筑图纸、设计说明书、设计作品、模型等。对于博物馆展览，建筑实物难以展示，其他均有不同程度的可操作性，最易展出且最直观者为"文献"。从实际展陈内容看，策展方一定程度上扩大了文献概念，核心展品为纸质文献的同时，基本囊括上述史

料，即用这些常用史料来建构人。

此次展览主题为"栋梁"，很好地贴合了梁思成的姓名与建筑学成就。展览前言写道："栋梁是有强度的……今天展览的中心部分是先生亲身参与建立的一连串中国建筑史学里程碑。"另以栋梁的高度指其求学，以栋梁的跨度指其实践。结合各单元主题，展览主要将梁思成定位为一名建筑史学家、建筑师、建筑教育家[1]，本次展览主要纪念他作为这些"家"的成就。

展览的展陈布置颇费心思。入口对景为梁思成在李庄时期的照片，并以聚光灯对梁思成进行高亮处理，照片前侧放置李庄时期绘图桌复原模型，其前摆放有一展柜，内置朱启钤藏陶本《营造法式》，及梁启超在《营造法式》扉页上写给梁思成、林徽因的寄语。朱启钤为中国营造学社创办者，《营造法式》是梁思成研究中国建筑史之引导，而李庄时期作为营造学社最艰苦的阶段，也是梁思成撰写《中国建筑史》之时段，入口处的几件展品迅速将观众拉入建筑史学家语境。

以《营造法式》为中心，右转对景为梁思成年少时的自拍照，左转对景为梁思成担任美国纽约联合国总部大厦设计顾问照。两者突破建筑史学家语境，一个指向生活状态，策展方将其阐释为一种不断的自我审视，另一个则指向建筑师与国际语境。

依策展方与讲解员介绍，墙面布置基本均为照片，作为一种背景，同时方便观众理解展柜陈设。展柜低矮的设计意在隐喻墓碑，众多展柜组成墓园，展柜内多为纸质文献，构成墓碑铭文。展厅入口提供手电筒，观众可像查阅历史档案一样详读铭文。避开低矮展柜的无障碍问题，但就为读铭文必须弯腰或下蹲——即以一种低姿态参观展览而言，结合庄重静谧的背景音乐，确实营造出强烈的纪念性氛围。

---

[1] 在清华大学艺术博物馆"栋梁"展开幕的公众号文章中提到："以纪念这位我国著名建筑学家、建筑教育家，中国建筑学科的开拓者和奠基者，建筑历史、文化遗产保护、城市规划、风景园林等学科的重要先驱。"可作为此次展览所定义梁思成的一种参考（https://mp.weixin.qq.com/s/DVPRZcARvweSOcJ11qxBRQ）。

图 1 展览入口处

图 2 右转对景

图 3 左转对景

图 4　手电筒照射杭州六和塔修理计划正面立面图

展览以一种时间、主题混合的线索建构作为建筑史学家、建筑师、建筑教育家的梁思成。前两个单元内容基本依照时间线索展开，以其进入清华学校照片为开端，以 1962 年在清华大学胜因院家中照片为结束。后三个单元展品陈设不囿于时间先后，以其对梁思成定位的突显性为顺序。以上两部分分别占据以《营造法式》为中心之左、右两展厅。展览入口前言的对面为梁思成年谱，可以作为总结，也可成为开始时为观众建立的纲要。令人惊喜的是，展览展出了大量珍贵史料的同时，在建构所定义的梁思成以外，又能从部分展品中读出其他指向的梁思成。

展览的展陈内容都是对梁思成某项活动的一个瞬间或某个结果的呈现——一种相对静态的片段，本次展览的基本展陈手法系将这些片段并置拼贴在特定主题单元下，这给实际观展带来了一定的专业门槛。

纵观整个展览，解释性文字集中在前言及每个单元的开篇词，对于每一件展品，标注内容统一为名称、日期、来源，这使得观众基本只能通过展品本身理解展览所定义的梁思成。没有相关知识背景的观众对于某些花费巨大力量布置的展区可能理解不到位，如对于没有建筑学、历史学或考古学背景的观众，可能很难理解应县木塔与佛光寺大殿的重要性。看到入口陈设的《营造法式》也许会感到困惑。更难以将"建筑设计作品与思想"单元的设计作品、《建筑设计参考图集》等展品，与在宾大求学时的作业训练、研究中国建筑史的意义关联。除非观众仔细研读展示出的部分手稿或出版物中的文字（对于非专业人士而言需要花费相当力气），如梁启超在《营造法式》扉页寄语："一千年前有此杰作，可考吾族文化之光宠也已"，方可理解其重要性。如 1951 年梁思成致彭真关于人民英雄纪念碑设计方案建议的文字，以北京历史建筑钟鼓楼作为案例进行设计分析，方可将不同单元的展品进行一些初步联系。

同时，由于入口缺乏标识，几乎无人知晓可借用手电，仔细研读展出文献更成为难事。另外，策展方未对展柜进行明确的单元划分，甚至"建筑设计作品与

图5 展览开篇的梁思成照片（左：在日本横滨主编《新民丛报》时期的梁启超与子女合影；中上：梁启超56岁像；中下：小学时期的梁思成；右：梁思成初入清华学校）

图6 展览结尾处梁思成在清华大学胜因院12号家中的照片

思想"单元与"建筑教育"单元出现了展柜错位的状况，这无疑降低了观展体验感。如此，一般观众对于展览最多的评价可能归为："画的真好！"难以将建筑史学家、建筑师、建筑教育家三个定位串联感受。拼贴或许是所有展览都需面对的难题。

◆ "人是对象性活动"下的展品突破与变动中的丰富的人

"人是什么"是近现代哲学发生转向后的根本追问，笔者在此不足以进行讨论，仅用马克思在《1844年经济学哲学手稿》中展现出的观点，即人是对象性活动，人的特性为"自由的自觉的活动"作为一种参考。马克思对此进行了具象的解释："饥饿是自然的需要；因而为了使自己得到满足、得到温饱，他需要在他之外的自然界、在他之外的对象。饥饿是我的身体对某一对象的公认的需要，这个对象存在于我的身体之外，是我的身体为了充实自己、表现自己的本质所不可缺少的。太阳是植物的对象，是植物所不可缺少的、确证它的生命的对象，正像植物是太阳的对象，是太阳的唤醒生命的力量的表现，是太阳的对象性的本质力量的表现一样。"[1]

从这一角度讲，梁思成的所有活动所伴随的对象及生产与再生产出的对象都是其本人的本质性存在。对于展览而言，这种概念可以带来两种理解：展品可以突破梁思成直接参与的活动，梁思成是变动中的丰富的人。

"所有活动所伴随的对象及生产与再生产出的对象"，这是一个庞大的概念，本次展览的展品（前述常用史料）基本为梁思成直接参与的活动，这仅是对象性活动的一部分。对象性活动可以细致到梁思成所用的绘图工具、穿着的衣物、梁林的家族关系，又可以触探到巴黎美术学院、现代建筑运动、清华学校教育模式、知识的现代性生产等。展览中两个看似与梁思成并无直接关系的空间装置——应县木塔和佛光寺的现状与后续研究，实际上都是梁思成对象性活动的一部分。

突破常用史料，回到对象性活动，则会看到展览中的一些遗憾。如"城市规划与文化遗产保护"单元开篇词写道："由他主持或参与的曲阜孔庙、故宫文渊

---

[1] 《马克思恩格斯全集》（第42卷），第96、167~168页。https://www.marxists.org/chinese/.

阁……以及他提出的'整旧如旧'的保护修缮理念，皆成为此后文保界长期遵循的范本和原则。"而此单元展出的与遗产保护相关的展品均是梁思成直接参与保护、修缮等实践工作的手稿、图纸、照片、出版物，就这些展品而言，实际上较难支撑起开篇词强调的"整旧如旧"的贡献，甚至没有展示出何为"整旧如旧"。

梁思成在文化遗产保护方面有几个比较重要的概念与出版物：一为其1935年出版的《曲阜孔庙建筑及其修葺计划》，提出"保存或恢复原状"；二为1963年《闲话文物建筑的重修与维护》，提出"整旧如旧"，后者作为前者思想的发展。首先，就后者而言，展览仅展出手稿首页，在观众所能看到的文字中并没有"整旧如旧"，也未进行标注说明，不得不说非常遗憾。其次，就前者而言，展出的

表1 "城市规划与文化遗产保护"单元与文化遗产相关的展品

展品内容	年份
刘敦桢、梁思成《清文渊阁实测图说》（封面）	1935
梁思成《曲阜孔庙建筑及其修葺计划》[插图（现状照片与破损状况标注）、刊本封面、梁思成字迹页]	1935
中国营造学社《杭州开化寺六和塔复原状图》（立面图、剖面图与渲染图）	1935
重庆文庙修葺（第一步工程）图纸两幅（平面图、立面图与剖面图）	1941
中国营造学社《重建南昌滕王阁计划草图》（平面图、立面图及草图）	1942
《战区文物保存委员会文物目录》（各单册封面）	1945
梁思成《北平文物必须整理与保存》（部分手稿）	1948
《全国重要文物简目》（封面及目录页）	1949
梁思成《北京城墙废存问题的辩论》（完整手稿）	1950
梁思成《北京——都市计划的无比杰作》（大部分手稿及出版文章部分页）	1951
梁思成关于反对拆除东西四牌楼致有关领导信（部分手稿）	1953
梁思成《闲话文物建筑的重修与维护》（部分手稿）	1963
梁思成《关于敦煌维护工程方案的意见》（部分手稿）	1963

图 7　应县木塔照片展厅

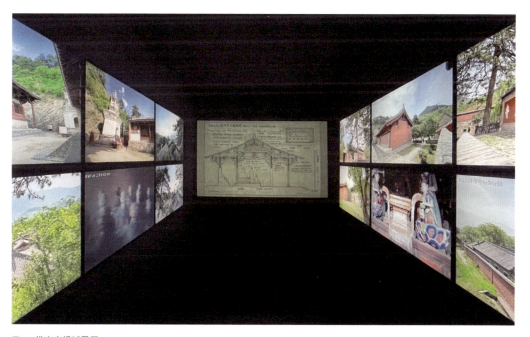

图 8　佛光寺视听展厅

插图及出版物封面也无法读出"保存或恢复原状"。对于梁思成，其文化遗产保护思想随着时间有一定的变化，"保存或恢复原状"与"整旧如旧"亦有区别，前者的"原状"倾向于指某一历史时期的建筑风格，后者则带有岁月价值的思考。对于这些学术贡献的理解需要突破梁思成直接参与的对象性活动，如与拉斯金的"保护"、勒 - 杜克的"风格式修复"、李格尔的岁月价值、《关于历史性纪念物修复的雅典宪章》与《威尼斯宪章》等进行对比，方可体会其具有的现代意义[1]。诚然，一个展览的展品必然受到版权限制，更应避免成为阅览室，此单元相关展品主要由清华大学档案馆与中国营造学社纪念馆提供，个别由中国文化遗产研究院提供，但若能在该单元适当添加解释性文字或许能更好地帮助观众进行理解。

关注到更多的对象性活动能为我们建构出更为丰富变动的梁思成。本次展览主要纪念其作为建筑史学家、建筑师、建筑教育家，但他还是梁启超之子，林徽因的丈夫，徐志摩的情敌，梁再冰、梁从诫的父亲，林洙的丈夫，民族主义者，第一批留学归成的建筑师，融汇中西学的新型知识分子……这些不同的状态可以在部分撰写梁思成的著作中看到。《梁思成的前世今生》[2] 以其作为近代转型中的贵族阶层，用较重笔墨描述梁启超打下的阶层基础；《梁思成传》[3] 相对弱化其在建筑学上的成就，以不同时期的人生状态为主题撰写；《梁思成与林徽因》[4]，费慰梅作为挚友记录有二人生活的状态。

这些著述区别于本次展览的最大特点为对梁思成日常生活的关注。当然，对于一次展览，空间、时间、展品均受到不同程度的限制，不可能做到全面。但这为我们提供了一种在丰富的对象性活动下，在丰富变动状态的梁思成下，再次思考纪念什么的路径。除去其辉煌的建筑学成就，日常生活同样值得关注。

---

[1] 杜林东：《先声与困惑——两份曲阜孔庙修葺计划映射的近代中国历史建筑修复观念转变》，《新建筑》2020 年第 1 期。

[2] 李喜所、胡志刚：《梁思成的前世今生》，北京：东方出版社，2010 年。

[3] 窦忠如：《梁思成传》，天津：百花文艺出版社，2016 年。

[4] 费慰梅：《梁思成与林徽因》，北京：中国文联出版社，1997 年。

◆ 关注并展示人的日常生活

此次展览的主要展品紧密围绕作为建筑史学家、建筑师、建筑教育家的梁思成。日常生活的照片、信件作为次要内容点缀其中。图纸、测稿、出版物、工作照片等丰富的珍贵史料的确能够读出梁思成扎实的中西学功底、严谨的治学精神与开创性贡献，但这些归根结底是专业化、高技术性的理解。相较而言，入口复原的简陋绘图桌、日常生活照片、致梁再冰的信件，不仅能够读出李庄的艰苦状态，更能感受到社会转型、民族国家建立的总体状况。而阅读前述三本著述又可体会出 20 世纪初出生的知识分子的普遍状态：受国内思想运动洗礼，欧美留学经历，受专业分工的训练等。

日常生活的平凡事件呈现两方面内容：一方面是个人的偶然的小事，一方面是比起这些小事所具有的许多"本质"而无限复杂而且更为丰富的社会事件。后者通过前者实现，前者又是后者的具体化。列斐伏尔讨论日常生活时以一位女人购买半公斤砂糖的事实为例，以此可以发现她的生活、生平历史、职业、家庭、阶级、预算、饮食习惯、钱财用途、意向观念、市场情况，最后剖析到资本主义、国家及其历史。深刻的事情在最初的小事中均有包含 [1]。

一个可以参考的例子为，刘亦师《梁思成与新中国早期的国际建筑交流（1953—1965）》结尾处提到："对梁思成家人、同事和学生进行了一系列访谈，了解到他们眼中梁思成的生活状态……在他身上体现出了中国知识分子心系国家、自强不息、能令受命的节操气概。"从梁思成的出访笔记中能看到，"新中国还存在各种困难和问题"。而其参观巴西利亚所做的打油诗："飞临巴西里，'皇后'在湖边。狂风平地起，四顾无人烟。东道杳如鬼，游客更非仙。参观玩无路，睡觉各争先。"又映射了现代主义城市规划与建筑的弊病 [2]。

---

[1] 陈学明编《让日常生活成为艺术品》，昆明：云南人民出版社，1998 年。

[2] 刘亦师：《梁思成与新中国早期的国际建筑交流 (1953—1965)》，《建筑学报》2021 年第 9 期。此文作为梁思成诞辰一百二十周年纪念活动的一部分，"皇后"指代表团入住的宾馆。

图 9 《梁思成的前世今生》

图 10 《梁思成传》

图 11 《梁思成与林徽因》

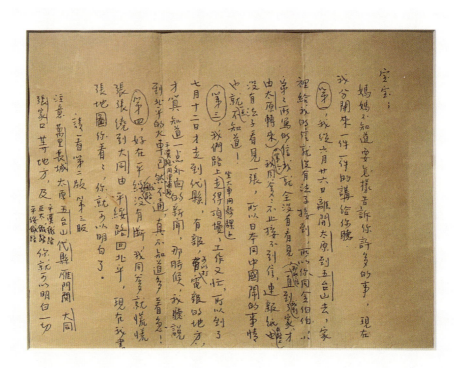

图 12 林徽因 1932 年写给梁再冰的信（部分）

日常生活是日复一日的重复、平凡与琐碎，但将时间线拉长，其映射的变化则大得惊人。我们将"栋梁"展中 1928 年梁启超写给梁思成的信、林徽因 1932 年写给梁再冰的信、1949 年梁思成写给梁再冰的信进行并置对比，就会发现国家环境发生了巨大变化，个人的生存状态已然不同。

对日常生活的展示不仅仅是博物馆展览从对物的关注转向对人的关怀、从宏大叙事转向微观讲述的一种实现，其也许能成为触动观众思考自身、批判实践的路径。前述马克思认为人的特性为"自由的自觉的活动"，但在现代化、工业化带来的专业分工下，这种自由、自觉是一种理想。日常生活是社会总体的一个层次，填补现代化带来的分工、专业等高技术性活动的间隙，囊括一切活动的冲突矛盾，有望恢复人的丰富性和完整性（这一点在本次展览的日常信件、照片中窥得）。但又正如当下的异化已超出马克思最初的设想，信息技术的发展似乎没有提升日常生活的创造力和丰富性，休闲、娱乐等活动，甚至节日狂欢，都呈现对符号的消费，符号又受控于技术、市场、官僚等，使其渗透到日常生活各个领域。总体形成发达的分化性生活与被切割破碎的日常生活并存的状态[1]。

马克思对异化的批判希望实现一种总体的人，列斐伏尔将这种哲学实践拓展到对日常生活的批判，亦是期望从日常生活唤起对总体的思考，实现总体的人。日常生活具有的无意识、不言而喻的特征使得这种表象掩饰根本性冲突的同时，其实践又强化着根本性冲突。正如黑格尔所言："熟知并非真知。"是否可以存在一种展览，对人，或一批人，或一个时代的人的日常生活进行纪念、展示，可以是历史的，也可以是当下的，将日常生活中的种种矛盾呈现甚至明显化，引发观众对总体状况的感悟，批判实践，从细微处产生变革[2]。

（图片由杜林东拍摄）

[1] 亨利·列斐伏尔：《日常生活批判》（第一、三卷），叶齐茂、倪晓晖译，北京：社会科学文献出版社，2018 年。

[2] 刘怀玉：《现代性的平庸与神奇》，北京师范大学出版社，2018 年。

3

从神话、历史到当代

博物馆在展示历史的时候是有先天优势的，毕竟它掌握了来自历史的第一手材料。但是，博物馆展示的目的究竟是什么呢？如果是为了讲述一段今天看来依然有着启发意义的历史故事，那么，我们展示的材料、讲故事的方式、故事最终的落脚点可能都还有着更广泛的可能性。

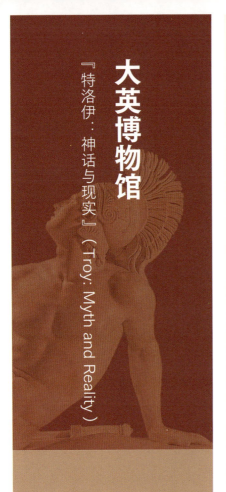

大英博物馆

『特洛伊：神话与现实』（Troy: Myth and Reality）

美女与英雄
是特洛伊武士最高的
向往和理想

展览地点
英国伦敦大英博物馆

———

展览时间
2019 年 11 月 21 日—2020 年 3 月 8 日

———

展览结构
序厅
特洛伊——神话
特洛伊——考古
特洛伊——经久不衰的故事

关于特洛伊

　　特洛伊的故事跨越了诗歌、剧作、艺术等方方面面。我们现在所熟知的特洛伊战争史，主要以荷马史诗《伊利亚特》（Iliad）和《奥德赛》（Odyssey），以及维吉尔的史诗《埃涅阿斯纪》（Aeneid）等多部著作为中心，融汇而成。在史诗的描绘当中，这是一场因争夺世上最美丽的女人海伦而引发的战争——以阿伽门农及阿喀琉斯为首的希腊联合远征军，进攻以帕里斯及赫克托耳为首的特洛伊军的十年攻城战，自古以来令世人魂牵梦萦。而直到19世纪特洛伊古城的发掘，这一传说当中的真实成分，才被现代考古学、历史研究者和世人所承认。

图1　荷马雕像

　　希腊诗人荷马以编写《伊利亚特》和《奥德赛》而闻名于世，史诗中还部分记载了特洛伊战争及其后续的故事。但是关于荷马本人的记述却十分有限，这座罗马人制作的半身像将其描绘为一位盲人。据考证，这是一件公元前200—前100年雕像作品的复制品。

　　《帕里斯评判》为一幅板面油画，展现了帕里斯评判的场景，该事件被视为特洛伊战争的导火索。天后赫拉、美神阿佛洛狄忒、智慧女神雅典娜三位女神要求特洛伊王子帕里斯在三者中选择最美丽的女神。帕里斯选择了阿佛洛狄忒，因为其许诺给他世界上最美丽的女人——海伦。

图2　《帕里斯评判》

◆ 序厅

序厅展出了英国艺术家安东尼·卡洛爵士（Sir Anthony Caro, 1924—2013 年）于 1993 年创作的包含四十件雕塑的装置艺术，他利用木头、钢铁和粗粝的陶土再现了史诗视野下的特洛伊战场——包括众神、英雄和奚安门（Scaean Gate，特洛伊城主门）。展览试图借此将观众带入一种遥远的、历史的、战争的氛围当中。

◆ 特洛伊——神话（Troy —— the myth）

这一单元以神话为视角，向观众再现了荷马史诗中的特洛伊战争故事。策展团队在这一部分没有过多着墨于宏观视野下的战争盛况，而是通过对物件的细心解读和梳理排布，将目光聚焦至史诗涉及的每一个人和围绕他们发生的每一段故事上。本单元的展品均是历史时期的陶器与雕塑，每一件陶器的纹饰、每一件雕塑所雕刻的内容，都直观地描摹了荷马史诗中的一小段情节，这些物件所承载的片段被有序地连缀起来，并配以简短的说明文字，最终形成了一个连贯且具象化的长篇故事。如菲利波·阿尔巴奇尼（Filippo Albacini）的大理石雕塑"受伤的阿喀琉斯"（1825 年），不同形态的阿喀琉斯代表了不同的史诗片段，古老的场景借器物的描摹重现观众眼前。

"受伤的阿喀琉斯"雕塑展现了濒死的英雄阿喀琉斯抓住刺伤他脚踝（全身唯一脆弱之处）的利箭的一刻。

◆ 特洛伊——考古（Troy —— the archaeology）

本单元以时间为纵线回顾了19世纪末至今，位于今土耳其希萨利克（Hisarlik）的特洛伊遗址的发掘历程。展品多是特洛伊遗址的出土物，释展文字的风格也紧贴模块主题，略去了传奇色彩，向观众解释特洛伊遗址的发掘历史、I~IX 各分期的特征及其所代表的历史阶段和典型器型，配合视频和墙面上的地层线，专业而不艰涩。该单元最后一部分"新时代的新故事"中，简要讨论了人们对于特洛伊故事的讲述如何因时代、立场而变迁，以及在考古学成果之外，文学、电影、视觉艺术等各领域对这一古老传说的继承与焕新。

图 3　受伤的阿喀琉斯

图4 《帕里斯评判（继鲁本斯）》

◆ 特洛伊——经久不衰的故事（Troy —— enduring stories）

　　本单元分为"旅程""英雄"和"特洛伊战争中的女人"三个部分，展现后世艺术对特洛伊内涵的再发掘。展品多为后世绘画作品，如彼得罗·特斯塔（Pietro Testa）的蚀刻版画作品"阿喀琉斯拖拽赫克托耳的尸体"（约1648—1650年）、埃莉诺·安廷（Eleanor Antin）的显色印刷作品《帕里斯评判（继鲁本斯）》（2007年）。

　　《帕里斯评判（继鲁本斯）》，显色印刷，共印刷5张，此为其中第4张。来自"海伦的奥德赛"系列。在重构想象后的帕里斯评判场景里，海伦（左）看起来非常恼火，因为自己被当作一个物品对待。作者还以一种幽默的方式展现了主管战争、两性和婚姻的三位女神。

　　"特洛伊：神话与现实"展览既基于"史实"，又不仅限于史实。展览的三个板块，分别对应特洛伊在今人眼中的三个身份——神话、遗址和经典，并依次回答了：特洛伊讲述了什么？特洛伊究竟是什么？特洛伊为什么直到今天仍被持续讲述？使观众自行完成了接近、认识、了解、探索和思考的过程。此外，展览将"物件"的利用发挥到了极致，并借助真实的物件，展开关联的创设，反思背景神话，尤其在第三单元引发对当下相关问题更深入的思考。

（图片采自大英博物馆官网）

观 看

神话如何叙述当下

展评人

大卫·弗朗西斯（David Francis） 伦敦大学学院考古学研究所研究员

张力生 北京大学社会学系博士后

今天我们所谈论的 "特洛伊战争"（Trojan War），通常指的是古希腊迈锡尼文明时代末期，由阿伽门农率领的希腊联军与普里阿摩斯国王统治的特洛伊城邦之间的一场十年攻城战。以荷马《伊利亚特》和《奥德赛》为代表的一系列希腊史诗最早记述了这场古老的战争，被公认为是西方文学的源头。其中，希腊联军木马计破特洛伊城、奥德修斯的漂泊返乡、埃涅阿斯建立罗马城等故事，都成为后世不断演绎和创作的经典原型。爱尔兰作家詹姆斯·乔伊斯（James Joyce）受《奥德赛》启发创作了《尤利西斯》，不仅以史诗中的英雄命名，小说的结构也与史诗文本平行对应。2004 年，改编自《伊利亚特》的好莱坞大片《特洛伊》上映，收获近 5 亿美元票房。甚至周星驰也将电影《大话西游》的英文名定为 *A Chinese Odyssey*（《中国 "奥德赛"》）。

尽管特洛伊战争在不同形式的艺术创作中反复出现，由博物馆来讲述这段历史及相关的史诗却绝非易事。相比于丰厚的叙事遗产，与特洛伊战争直接相关的文物数量极为有限，并且争议重重。尽管考古发掘为特洛伊战争提供了一定的历史依据，但关于战争事件本身如何发生，以及史诗中提到的种种细节，至今尚无定论。关于这场战争的历史事实，学界依然在探索当中。

也正因为在神话与现实中的双重存在，特洛伊战争的文化魅力经久不衰。2019 年末，大英博物馆以"神话与现实"为主题，首次推出特洛伊战争特展。那么，在文物藏品有限的情况下，此次展览如何讲述这段经典叙事，又对神话与现实这对概念提出了怎样新的理解呢？

捷克博物馆学家斯特兰斯基（Zbyněk Zbyslav Stránský）曾说，博物馆学在根本上是一门关于价值的学问。而对于许多"超级大展"（blockbuster exhibition）来说，这种价值往往来源于某些标志性的展品，因为只有独一无二的"真迹"才能使观众体会本雅明（Walter Benjamin）所说的"原真性光晕"（aura of authenticity）。例如在 1972 年大英博物馆"图坦卡蒙宝藏"（Treasures of Tutankhamun）展览中，正是由最后出现的少年国王的黄金面具将整个展览推向高潮。

对于一个参观时长约 90 分钟且人流密集的大型展览，要呈现特洛伊战争这样一段复杂且古老的叙事，首先要避免的风险是展览文字密度过高，绝不能把展厅变成一个阅览室。基于有限的藏品，展览亟须一种创造性的方式，才能让荷马笔下如"灰眼女神"（grey-eyed goddess）、"酒红之海"（wine dark seas）这样的角色和场景从书页中出来，进入观众的脑海中。

为此，展览的两位策展人，亚历桑德拉·维林（Alexandra Villing）和维多利亚·唐纳兰（Victoria Donnellan），构建了一个递进的三幕结构——"特洛伊——神话""特洛伊——考古"和"特洛伊——经久不衰的故事"，试图以展览叙事重构展览的价值，摆脱对"物质性"和"原真性"的依赖。

展览开篇，伴随着《伊利亚特》和《奥德赛》的朗诵音频，绘有希腊第一勇士阿喀琉斯（Achilles）击杀亚马逊族女首领彭忒西勒亚（Penthesilea）的古希腊黑绘双耳壶（Athenian black-figure amphora）和当代艺术家赛·托姆布雷（Cy Twombly）的名画《阿喀琉斯的复仇》（1962 年）同时出现。这预示了展览将完

图 1 彭忒西勒亚黑绘双耳罐

全打破线性历史叙事，并包含当代艺术、档案资料和声音等多种元素。这类做法对向来以藏品见长的大英博物馆来说，都属罕见之举。

第一单元"特洛伊——神话"主要展示古典世界（古希腊、古罗马、伊特鲁伊亚文明等）物质文化中表现的特洛伊战争，包括壁画、石棺、陶器、硬币和宝石上描绘的经典史诗片段，如阿基里斯杀死特洛伊英雄赫克托耳、奥德修斯致盲独眼巨人等。许多展品选自大英博物馆馆藏，也有从丹麦国家博物馆借展的两个罗马银水杯。

值得注意的是，此次展览中并未展出任何古希腊雕塑作品，尽管雕塑一直被认为是古希腊文明最重要的艺术形式。这主要因为表现特洛伊战争相关主题的古典雕塑真迹数量极其有限且很难借出。比如，藏于梵蒂冈博物馆的拉奥孔雕塑，描绘了特洛伊祭司和他的儿子们被蛇攻击的场景，就是一件极其重要却几乎不可能借展的藏品。这也让策展人选择的19世纪雕塑家菲利波·阿尔巴奇尼的雕塑作品"受伤的阿喀琉斯"显得格外引人注目——痛苦的阿喀琉斯斜躺着身体，正从脚踵处拔箭。

在"特洛伊——神话"中，展品似乎只是为讲述《伊利亚特》和《奥德赛》中的史诗叙事起辅助作用。然而这并没有影响展览的效果，反而让一些原先被忽略的藏品重获新生。大英博物馆一般按照类型学分类来保存和陈列文物，很少根据文物上的图案和纹饰进行展示。而此次展览运用数字投影将古希腊花瓶上的图案解码并戏剧化重组，以创新的形式讲述特洛伊战争中的关键场景。在第一单元的尾声"特洛伊的陷落"部分，展厅上方悬挂着一幅巨大的木质特洛伊木马骨架。这件装置作品带有明显的当代艺术风格，借鉴了音乐剧《战马》的一些美学元素，更为展览增添了戏剧性张力。

那么史诗中特洛伊战争究竟有没有发生？"现实中"的特洛伊究竟是怎样的？展览的第二单元"特洛伊——考古"带领观众探寻特洛伊的考古学"真相"。这一幕的主人公是特洛伊考古的开创者，德国商人和业余考古学家海因里希·

图2　木质特洛伊木马骨架装置

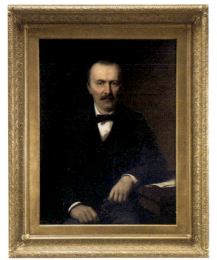

图3 《海因里希·谢里曼》

图4 土耳其希萨利克

谢里曼（Heinrich Schliemann，1822—1890 年）。谢里曼自幼家境贫寒，却对史诗中的特洛伊战争格外向往。40 岁时，他积累了足够的财富，开始自费在希腊和土耳其进行特洛伊考古考察。他否定了当时认为特洛伊遗址位于珀纳尔巴舍（Pinarbasi）附近的主流观点，选择在西北部距离达达尼尔海峡入口处不远的希萨利克（Hisarlik）进行挖掘，并发现了多达九层的特洛伊城墙结构，在考古术语中称作"九个特洛伊"（Nine Troys）。

业余出身的谢里曼是考古学界的传奇人物。他近乎狂热地进行挖掘，也想尽办法为自己的发现寻找证据，比如试图证明他发掘的猫头鹰头人身像与雅典娜女神有关，并把挖掘出的黄金器物命名为"海伦的珠宝"（Helen's Jewel）和"普里阿摩斯的宝藏"（Priam's Treasure）等。他也曾因走私文物出境而被土耳其政府起诉，而随后又在伦敦举办展览，展示他的发掘并提出自己的解读。值得一提的是，谢里曼举办特洛伊展览的首选就是大英博物馆，但遭到婉拒，之后才与南肯辛顿博物馆合作，也就是后来的维多利亚与阿尔伯特博物馆。

谢里曼将发掘的文物带回德国后，存放于柏林史前与古代史博物馆。在第二次世界大战的最后阶段，苏联军队进入柏林，带走了包括"普里阿摩斯的宝藏"在内的一系列黄金藏品，这批文物至今仍留在圣彼得堡，而且不太可能出借。有关特洛伊战争的文物成为战利品，这样的结局本身带有些许诗意的反讽意味。但这的确也让俄罗斯以外的特洛伊展览很难出现类似图坦卡蒙的黄金面具般的震撼效果。

　　既然无法得到"普里阿摩斯的宝藏"，此次展览仅展出了谢里曼发掘的一些陶器和青铜武器，大多来自柏林史前与古代史博物馆。展览还展出了特洛伊遗址九个考古地层最新出土的文物，也以陶器为主。这些的确为理解特洛伊战争的"历史现实"提供了一个考古学框架，但距离还原整个事件的实际历史样貌仍相去甚远。因此，展览补充了许多表现迈锡尼时期武装冲突的馆藏文物，这不禁让人对特洛伊人的真实身份浮想联翩。例如，我们可否将特洛伊人与亚述的赫梯人联系起来？这或许是本次展览中最接近考古学意义的"现实"的地方。

　　展览的第三单元"特洛伊——经久不衰的故事"，对"现实"的含义做了进一步的探讨。正因为特洛伊战争是一段被反复传诵的经典叙事，每个关于特洛伊的展览最终都会面临一个现实相关性的问题——为何要在今天重述特洛伊战争？如何重新让荷马史诗与当下的社会现实关联起来，变得更有意义和生命力？

　　展览序言中这样写道："'特洛伊：神话与现实'将讲述一个关于战争的故事，并讨论暴力以及战争所包含的其他面向。"策展人将这样的立场贯通整个展览。例如，展览为一个绘有特洛伊公主卡珊德拉的水罐做了如下介绍："希腊人对特洛伊妇女的强奸和奴役反映了妇女在许多古代战争中的真实经历。"这些都为展览的最后一幕埋下了伏笔。

　　展览用最后三分之一的篇幅探讨特洛伊战争在不同时期如何被重述和解读，以反思特洛伊战争对后世的影响。例如，中世纪早期对特洛伊战争的描述中，就将特洛伊领袖赫克托耳和埃涅阿斯视为基督教信徒虔诚的道德榜样。策展人

图 5　特洛伊遗址出土人面陶罐

将一系列不同时代的文物、艺术品及历史资料组合并置,以激发其中蕴含的隐喻性张力。如,将 18 世纪瑞士画家亨利·福塞利(Henry Fuselli)的《阿喀琉斯为普特洛克勒斯悲叹》(*Achilles Lamenting for Patroclus*,1770 年)与退伍军人罗伯特·卡明斯(Robert Cummings)讲述创伤后应激障碍(PTSD)经历的材料同时展出,带给观众极震撼的心灵冲击。同时,第三部分"特洛伊战争中的女人"中,收录了讲述 2013 年由叙利亚女性难民组成的戏剧团体改编欧里庇得斯的名剧《特洛伊妇女》的纪录片,力图突出女性在战争叙事中的声音。

　　从神话到现实,这场特洛伊展览成功地将三千多年前的史诗场景拉回到对我

考古学家海因里希·谢里曼在特洛伊遗址发现了大量人面陶罐,他认为这些器物可被视为特洛伊保护之神——雅典娜的代表。

图 6 《阿喀琉斯为普特洛克勒斯悲叹》

图 7 由叙利亚女性难民剧团改编的《特洛伊妇女》

们身处时代的关键问题（critical issues）的反思。与以往典型的大英博物馆展览不同，此次展览不再依赖"物"的分类学和原真性，而是以高度多元化的展品和试验性的表达方式构建了一条清晰的叙事逻辑。

在一定意义上，"特洛伊：神话与现实"代表了当代博物馆展览的一个重要转向，即在学术资源基础上，借鉴其他展览类型，向口述史、戏剧、当代艺术和设计等不同领域汲取灵感。如前文所述，博物馆展览既是知识生产的实践，也是关乎"价值"的行为。这个转向折射出博物馆展览的自身定位已经发生变化，不再仅仅满足于文物的展示与传播，而是开始借用一种近乎观念艺术的态度和方法针对社会议题进行创作和表达。

(图1、3、5采自大英博物馆官网，图2、4、6、7来源于网络)

观 看

故事内外

展评人

孙岱萌 天津恒达文博科技股份有限公司创意策划编辑

特洛伊神话，在坊间印象中总还是奇诡跌宕的。如何利用展览媒介讲述一段大众耳熟能详的故事，获得与人的共情，这也最考验策展团队的巧思与功底。

展览的第一单元十分直接，是对特洛伊情节的讲述与再现。借助对器物上所饰内容的串联，得以将特洛伊故事重新跃然于器物之上。这样的阐释方式为观众开辟了更为具象、生动的认知渠道，作为一个对特洛伊故事的来龙去脉不甚考究的普通人，观众不必对着文字调用丰富的联想，在脑中构建宏大的谋略与战争，而只需要顺着文字的追踪和指引，仔细地观察、揣摩器物上角色们的体态、动作与神情，在了解情节之外，更深刻地体会到他们的所思所感。这样的观感，与阅读绘本或漫画颇为近似，而三维物件的质感与纹理，又为这番体验增添了别样的神韵。

观众在这样的设计引导下，难免想象和发问：器物上的阿喀琉斯为何抱头颓丧，又为何怒火中烧？忒提丝怎样强忍不舍，为儿子披上战甲？普里阿摩斯乞求儿子尸身的时候，到底有多么卑微？……如此一来，处于云端的英雄、海神、君王，都不再如想象中那般刀枪不入。无论是人神之别，还是所属不同势力，每个人都在战争的裹挟下深陷无边的挣扎。存在于他们身上、用文字难以描摹的愤懑、痛楚与憾惋，被用一种直观而立体的方式剖析开来，使人观之不禁唏嘘动容。

这是一种在不自觉间发生的、难得的共情体验。

面对一个人尽皆知的神话概念，展览抛弃了单刀直入的宏大叙事，转而追逐一种细腻的、聚焦于个体的呈现手段，通过对无数"画像"的排列组合，构成了一幅有血有肉的英雄群像。在这里，展览唤醒的是故事中的"人"。

在博物馆的传统叙事语境当中，物始终是人的客体，是当代人审视历史、了解过往的器具，是助我们完成一场"穿越之旅"的媒介。在这样的认识下，物件个体间的差异往往被无限缩小，转而沦为形制与技术等等具有象征意味的符号。而这场展览却旗帜鲜明地证实，在合理细密的梳理排布之下，每一件物都能回到展览舞台的中央。展览的空间，应该让物舞蹈。

在"特洛伊：神话与现实"展览当中，另一处体现"物"与"人"关系的设计集中在第三单元"特洛伊——经久不衰的故事"中。策展团队通过对后世艺术作品的梳理展示，对"特洛伊故事何以被称为经典，又为何直到今天还在被持续地讲述"这一问题提出思考。

奥德修斯的羁旅背后，是被迫离家漂泊之人钻心的苦楚；阿喀琉斯的复仇与身死，映射出英雄荣耀背后的哀伤与残暴；美女海伦、作为祭品的伊菲革涅亚、不被听信的先知卡珊德拉……被命运和男性所主宰的女性们，沦为神话叙事中的边角料与装饰品。如此一来，旅人、军人、女人，展览以这三个群体为焦点展开的讲述，为观众进一步触碰特洛伊打开了新的路径和窗口——特洛伊故事之所以成为经典，不源于它的宏大与峥嵘，也不源于英雄角色的坚不可摧，恰恰相反，因为它暗含着生而为人的苦难——一种跨越了古今与地域、神话与现实，为人类这个脆弱物种所共享的苦难。

在唤醒了故事中的"人"之后，展览更进一步，唤醒了现实中的"人"。其实，每个人

《海伦》，纸上水彩、粉彩。许多艺术家都曾尝试捕捉特洛伊的海伦那令人艳美的美貌，同时对其究竟是一个无辜的牺牲者，还是一个故意的引诱者表示怀疑。

图1 《海伦》

图 2 《埃涅阿斯一家人逃离燃烧的特洛伊》

都是特洛伊的倾听者、讲述者和践行者，后世对神话的不懈垂问，其终极意义莫
过于使人们看到了彼此。他们是沉默的他者，是饱经折磨的大多数，是阿喀琉斯，
也是你我，是命运这座大熔炉中的每一个肉体
凡胎。我们与他们，并无二致。如果说第一单
元营造的是对故事的沉浸与徜徉，那么经过第
二单元的理性与沉静，观众最终在尾声被从故

《埃涅阿斯一家人逃离燃烧的特洛伊》，
帆布油画。画面展现了埃涅阿斯带着父亲及儿
子逃离正在被希腊人洗劫的特洛伊城。埃涅阿
斯的后人在后期宣称埃涅阿斯为传说中古罗马
的开创者之一。

事中剥离，从神话回到当下，从凝望者变成反思者。终章已矣，阿喀琉斯死前究竟被射中了哪只脚踝已不再重要，周遭那些素昧平生的、形形色色的人们，似乎才是这场展览的真正底色。

由此，"特洛伊：神话与现实"展览便不仅是一场对史诗巨著的穿越之旅，而是对"特洛伊"这一概念的步步解构与剖析。观众在策展人的引领下一步步转换着观看与审度的视角，与之共情，特洛伊这个原本漂浮在半空的概念，终于落回地面，落回你我身边。

正如特洛伊一样，但凡被冠以经典之名的作品，总是在以各种形式提炼着人类社会最为共通的苦难与辉煌，以神话、小说和影视的名义，创造了一个又一个鲜活具象的人间世。即使有年代、身份与文化的阻隔，人们也总是能够在当中看到现实的映射，从而激发宝贵的共鸣。然而，当博物馆阐释经典的时候，却往往停留于对其中宏大叙事的品鉴或经典永流传的歌颂，并最终在观众头脑中建立起一套对经典价值的高度统一的认知。这无疑是有些遗憾的。

如何利用物件的展示，从全新的视角诠释它们经久不衰的缘由，特洛伊展给出了自己另辟蹊径的思考。展览始终秉持着一种对关联的创设——立足当下的现实，反思古老的神话；借助真实的物件，映射人类的悲欢。

(图片采自大英博物馆官网)

4 历史背后的 观念

每一件人造物都是有生命的，其料、工、形、纹、用无不包含了造物者更深层的情感与思想，乃至当时的社会结构。如果从这个意义上讲，只会展示过去之物的表象的博物馆是否显得太过于拘谨？毕竟，还有很多观念性的要素有着古今共通的寓意。

杭州工艺美术博物馆

『永远有多远』

生与死的距离

究竟有多远？

让不同时空的人

来告诉你

展览地点

杭州工艺美术博物馆一楼、二楼特展厅

展览时间

2020 年 9 月 12 日—12 月 13 日

展览结构

序篇

第一章 "世俗寄托与祈求" ∞ "信仰抒写与追求"：一种 "精神诉求"
的实现

第二章 "地下王国" ∞ "虚拟世界"：一种 "延续并行" 的实现

第三章 "无人之境" ∞ "异体替代"：一种 "非人状态" 的实现

第四章 "仙者之望" ∞ "物种进化"：一种 "主体进化" 的实现

尾声

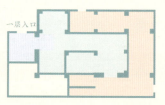

一层入口

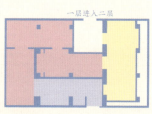

一层进入二层

展厅平面图

尾声

第四章 仙者之望 ∞ 物种进化：一种 "主体进化" 的实现

第三章 无人之境 ∞ 异体替代：一种 "非人状态" 的实现

第二章 地下王国 ∞ 虚拟世界：一种 "延续并行" 的实现

第一章 "世俗寄托与祈求" ∞ "信仰抒写与追求"：一种 "精神诉求" 的实现

序篇

展览缘起

　　该展览作为杭州工艺美术博物馆的"跨界系列"之一推出。策展人认为，不论是过去还是现在，"生命"这一命题都是人们一直所关注的问题。展览想要通过对历史、现在与未来的比较，去观察不同时空中不同文化的"生命态度"，以及如何"实现"永生。

展览内容

◆ 序篇

　　展览的开篇由汉代十二辰四神纹规矩镜（金华市博物馆藏）和丁世伟（2019年）的现代艺术装置"源 The Oldest TV"展开。铜镜镜背内区饰以博局纹和八个乳丁纹，青龙、白虎、朱雀、玄武四神处于四方，以此象征着对四方的延伸与无穷的宇宙空间，也可以理解为代表了与式盘相类的对宇宙能量的理想排列。而现代艺术作品则是一个发光月亮悬浮在方形的水池之上，诗意地呈现一种脆弱的美感。

图1　汉代十二辰四神纹规矩镜

图2　现代艺术装置"源 The Oldest TV"

◆ 第一章 "世俗寄托与祈求"∞"信仰抒写与追求"：一种"精神诉求"的实现

本单元展现的主题是现世对"永在"的追崇。

从历史文物的角度来看，儒家推崇"天命说"，认为天可以通过祥瑞或灾异给人以引导，通过奇异的兽禽、草木和器物，来展示它的存在和意志。因此，各类长寿吉祥的图案与图式成为世俗世界中的人们对美好生活朴素、宽泛的表达。这尤其体现在死亡的意义之上，在无法摆脱死亡这一既定事实的现世中，为了实现生命的延续，对内在精神永恒与永在的祈求成为一种重要的途径。

从当代艺术的角度来看，本单元的艺术家们试图表达一种生命观，它沿袭了人类一直以来对精神信仰的构建方式。许多艺术家通过符号表达永恒的生命思想，以完成他们的信仰抒写。

本单元的文物展品如清代的福寿刺绣挂屏，其中一幅绣寿桃，配"龄仙益寿"四字，另一幅绣佛手，配"福寿三多"四字，双树枝繁叶茂，硕果累累，四周饰太湖石、水仙等，以表富贵长寿之意。现代展品如蒋志（2014年）的艺术微喷"情书"之3、9、10，充满悲悯之美的摄影系列作品让人联想到"火中荆棘"的异象和信念。

◆ 第二章 "地下王国"∞"虚拟世界"：一种"延续并行"的实现

本单元表现的是一个不受现世空间与日常世界法则所束缚的、被"扭曲"的虚构空间。

从历史文物的角度来看，中国的墓葬习俗集中反映了中国古代特有的生命观——"入土为安"，并为死者建造一个死后可以继续生活的空间。与现世、此岸对应的"黄泉""彼岸"，不受现世日常的法则所束缚，是一个在地下的、虚构的"王国"。

图3　清代福寿刺绣挂屏　　　　　　　　图4　艺术微喷 "情书" 之9

从当代艺术的角度来看，艺术家们发现，互联网构建的虚拟世界让存在主义者的思考得到了很好的"回应"。当物理空间的人走向个体消亡的时候，其平行世界中对应的那个个体"生命"还将依托历史行为完成它的未来，即"永生"。

官吏陶俑（出土于徐州羊鬼山陪葬坑）、跽坐女陶俑（出土于徐州驮蓝山楚王墓）、绕襟衣舞者陶俑（出土于徐州驮蓝山楚王墓）等文物展品，体现了"俑"作为专为死者制作的再现类丧葬用品，代替活人殉葬，为墓主人建造了一个具体而微的死后世界。而影像、装置艺术作品"失乐园"（01小组，2018年）呈现了一个由3D打印技术打印出来的各种虚拟形象组合而成的空间，透过镜头，我们穿行于这个由3D打印出来的世界，窥探它们从"生"到"死"，从"简单"到"复杂"的"成、蛀、败、空"的过程。

图 5　陶俑

图 6　影像、装置艺术作品"失乐园"

◆ 第三章 "无人之境" ∞ "异体替代"：一种"非人状态"的实现

本单元的主题基于对"灵魂"或"意志"不灭的信仰，表现从"此在"到"永在"的状态。

从历史文物的角度来看，古人认为"天上""世外"存在一个永恒的空间，一个神人、仙人居住的不朽的世界，高于并主宰人世间，死亡是灵魂幻化得以永生的途径。

从当代艺术的角度来看，许多艺术家将大数据下的互联网作为"新人性"的创作内容，另一些艺术家则依托科技智能技术将智能化的现象赋予观念，形成"非人"的镜像，反思人类的未来行为。

文物展品如出土于长沙马王堆一号汉墓的西汉"T"形帛画（复制品，原件藏于湖南省博物馆），据墓中遣册记载，"T"形帛画名为"非衣"（即"飞衣"），是墓主人灵魂升天的媒介。帛画画面设计的空间与图像的组合，描绘了通向天国的仪式与途径，体现了汉代的宇宙观和生命观。当代艺术如全彩砂岩（3D 打印）的"静物面具 No.1""静物面具 No.2""静物面具 No.3"（郭城，2017 年），"静物面具"系列是以利用谷歌 Deep Dream（人工神经网络算法）"观察"到的图像为素材，通过摄影测量法（photogrammetry）生成的。在此观察行为当中，所有被观察的客体（无论生物与非生物，人与非人）皆被人工神经网络视为像素（数据）并加以分析处理。

◆ 第四章 "仙者之望" ∞ "物种进化"：一种"主体进化"的实现

本单元的主题为相信人在主体自治下，通过对身体进行物质性的再加工，可以延续有限，获得"永生"。

从历史文物的角度来看，古人相信通过对"身体"在不同状态下的特殊处理，

图 7　装置影像作品"Observe"（看到的）

可以延续生命甚而获得永生：其中一种相信死亡是可以逃避或克服的；另一种认为对死后身体进行某种"转化"可以获得"永生"。

从当代艺术的角度来看，达尔文的进化论建构了一种生物历史观的逻辑。在艺术家的作品中，存在着两个方向的表达：一个主要来自生物技术科学的拓展，让艺术和生物跨界，形成"生物艺术"的新艺术形式；另一个则是将艺术和智能融合，生成一种生命体外延器官的概念，形成"新媒介身体艺术"的创作形式。

本单元文物展品中，晋代葛洪所著的《抱朴子》（清刻本）10 册（杭州胡庆余堂中药博物馆藏）是一本集汉魏以来炼丹之大成的著作，体现了道家相信通过对身体的修炼，可以无限地延长生命，以求在有生之年成仙的思想。现代展品中徐文恺 aaajiao（2015 年）的装置影像作品"Body Shadow"（身影）、"Observe"（看到的）集合了装置、摄影、影像等媒介，通过对人体的扫描、算法的解读，将人体内无形的能量场域外化进展览现场，并转译成为文身图案。

◆ 尾声

展览以两件当代艺术作品收尾。

图8　当代艺术作品"夜将至"

其一为石玩玩（2020年）创作的"夜将至"。创作团队收集了来自全国不同地方的7个老人的秘密，并将这些秘密转换成摩斯密码，通过程序控制器在7个盒子中闪现出来。这些灯泡每一次闪烁，代表的都是一个老人的故事和一段生命的印记。

其二为"萌－态－奇"小组（2020年）的作品"六十日谈之后——永生篇"，运用了"拼贴纸本"与"网络链接"两种创作形式。在9天的时间里，团队成员以格言的形式重新改写"正剧"历史事件，开发丹药、篡改灵魂、神明集赞、冥物交易等看似是"闹剧"的片段和自说自话，展示了个体生命对于传统的永生观的定义和反思，为生与死这对关系提供了另类的视角。

展览亮点

"永远有多远"展览主题鲜明，将当代艺术品与历史文物进行对话。在展览顺序的安排上，各展厅之间构成了一条情节清晰的故事线，展览的单元说明采用叙事诗的方式，让观众得以借用主人公的视角，在不同场景与不同的对象相遇，继而引发对于"永恒、永生、永在"主题的思考。此外，展览在色调运用和空间氛围的营造上也尽可能地突出压抑感和冲突感，给予观众最直观的冲击，不论观众能否明白具体展品的含义，也可以感受到整个展览的主题与基调。

(图片由杭州工艺美术博物馆提供，所有图片的所有权和署名权为各藏品收藏单位与艺术家所有)

观　看

在文物的基础上谈论生与死

展评人

王思渝

　　"博物馆"在很大程度上被认为与所谓的"文物"有着莫大的亲缘。在我们通常的认知当中，这二者都似乎联结着一个已经逝去了的过去，讲述的都是一些"故人"的故事。但实际上，我们当下的历史文物类博物馆展览很少直面生与死的话题。通常认为，博物馆展览的"魔力"之一，在于它可以通过物的重组实现意义的再造。如此一来，这种再造之后的意义可以是多元的。而我们今天的历史文物类博物馆展览通常会希望，再造之后的意义能够主要体现在说理、证史（或补史）方面，而借此在更大程度上掩盖物身上的死亡色彩。

　　这背后涉及的既是当代社会文化所易于接受的一种伦理观，也是当代在一个公共语境中惯于宣扬的一种历史观。在今天，我们习惯于将历史科学化或学科化；甚至在有些时候，也惯于将其看作一段过去乃至断裂了的训诫。当我们谈及"过去宛如异乡"之时，言下之意带有了几分侥幸，毕竟，这都是过去了的事。

　　但事实上，过去给我们留下的精神遗产在很多时候并不会远离每一个个体。生与死之间的纠缠从来便是其中之一。

图1 序厅

图2 第一章"世俗寄托与祈求"∞"信仰抒写与追求":一种"精神诉求"的实现

与上述传统的历史文物类展览不同,杭州工艺美术博物馆推出的"永远有多远"展览在没有远离文物的基础上,其主旨与定位直接面向着这种纠缠。

"永远有多远"展览分为四个篇章,分别对应生死观念这个主题下的四个子话题，即"精神诉求""延续并行""非人状态"和"主体进化"。这四个子话题的形成建立在策展人以历史文物为基础，对中国古代生死哲学的理解和提炼之上。因此，展览在选择主要展品的时候，历史文物仍然是极其重要的基础。在传统的历史文物类展览中常见的各个时代的随葬品、丧葬用具或者代表对死者的某种情感寄托的物件，在"永远有多远"这场展览中不断有不同程度的亮相。

在这样的框架结构下，为了搭建起整个展览的叙事脉络，"永远有多远"做出了诸多重要的尝试。

其一，其不再以历史时间线为主要线索来串联展品，而是遵循了上文提及的四个子话题的内容框架来展开。在这种并行式的模式下，为了不让展览过于松散，按照策展人的初衷，展览的文字从序厅开始延续至结尾，形成一首叙事诗，起到串联起整个展览的主题单元的作用。

其二，为了让生死这样的精神性主题更大程度地放大，展览选择了大量的当代艺术品与历史文物进行并置。几乎每一组文物，均有一组与之对应的当代艺术品，二者共同构成子话题下设的一个次级话题。同时，为了让历史文物与当代艺术品之间的对应关系更为明显，策展人在展柜高度、空间转换等细节上均做出了设计，确保每一话题下的历史文物与当代艺术品能够在同一个视觉空间之内，确保观众隔着一件器物的展柜，便能远观到另一件与之有对应关系的器物的存在。

其三，在形式设计上，策展人为了匹配生与死这样的展览主题，在色调运用、空间氛围的营造上尽可能地突出压抑感和冲突感，乃至有了几分后现代赛博朋克的风格特点。

在这样的内容结构与设计手法的基础上，展览的主题风格是浓郁的。作为普通观众，无论你在多大程度上看"懂"了这场展览，展览想要表达的生死主题依靠着强烈的视觉冲击都会强势地印在你的直观感受中。

展览结束之后，凭借着"跨界""新颖"等标签，"永远有多远"展览迅速收获了一系列业界和观众的好评；但是同时，"看不懂""让文物给当代艺术品

图 3　当代艺术品与历史文物并置

图 4　展览空间氛围中的压抑感与冲突感

做配角，失去了对文物的尊重"等声音也代表着该展览所面临的质疑。这些争议有些从展览术的角度出发，有些从观众的直接感受出发；而在我看来，争议的存在或许也正是一场展览成功的证据所在。

于我而言，我最想关注的话题还是集中在生死哲学这一主题本身。

这个主题对于博物馆世界而言最为重要的意义之一或许恰在于，它在没有完全脱掉以物为核心的传统历史展览的外衣的基础上，寻求了更具精神性、阐释性和当代性的突破。由此，一个历史中的"人"和一个当代意义上的"人"在这场展览中都得以有所显现。

"永远有多远"展览中对于物的选择是时刻恪守在其主题框架之下的。对于传统以历史文物为主体的博物馆而言，随葬品已是颇为熟悉的一类展品。但是，它们在"永远有多远"这场展览中，其功能意义便首先不在于器形的优美或工艺的优良等层面，甚至也不局限于其所能反映的历史制度或文化风俗问题，而是直接对应着造物者借物所表达的一种生死观念。从一个与历史文物保持着更高亲缘度的传统博物馆的立场出发，"永远有多远"这样的展览实际上在提醒着我们，与博物馆相关联的一系列传统学科的知识营养实际上仍有大片尚未被开垦的空间。

以考古学为例。作为一门现代学科的考古学，在20世纪初进入我国之后，一直同时流淌着人类学与历史学的双重血液。这二者之所以能融汇形成现代意义上的考古学，物的研究成了一个重要的交汇点。这也同样是博物馆能够与之建立起密切亲缘度的缘由之一。在20世纪初以及中华人民共和国成立初期，探寻、建立和巩固民族国家的使命进一步放大。物在很大程度上处在实证一个更为宏大的年代历史框架的位置之上。经过数年来的努力，考古学、博物馆一方面需要继续践行和完善这一方面的使命；而另一方面，学科的发展也不断衍生出更为丰富的脉络。"透物见人"这样的声音在考古学科内近乎成了老生常谈。

图5 第二章"地下王国"∞"虚拟世界":一种"延续并行"的实现　图6 第三章"无人之境"∞"异体替代":一种"非人状态"的实现

"前段"[1]考古学开始寻求向人类行为模式等问题转型,"后段"[2]考古学则与史学转型之后的社会史、平民史等方向形成呼应。这一类研究话题的转变带来的也是作为一类广义史学的考古学在自身的叙事和写史方式上的多元化探索。在学科方法论上,学者们也开始从年代学和考证学所留下来的传统,向更大胆的阐释性路径进行探索。

但是,或许由于这样的一套"见人"的学科话语想要构建完整,需要研究者从一定程度上跳出以物为核心的实证主义框架,也或许由于这样的学科趋势本身并不以博物馆作为始发地,博物馆自身的研究力量近年来也确在式微,因此,从现象上来看,我们今天所能看到的以历史文物为基础却能超脱传统史学思维的博物馆展览并不多见。

"永远有多远"展览显然是这样的背景下一次重要的尝试和突破。

当然,一种尝试、一种突破并不意味着其一定是成功的或"好"的。对成功或"好"的判断首先涉及另一个问题,即在我们今天的认知当中,博物馆是一个

---

[1] 一般指夏商周三代以前。

[2] 一般指夏商周三代以后。

怎样的机构。

这个问题在博物馆学领域内屡有讨论。我们常能听见的答案无外乎于两类。其一，强调博物馆作为智识中心，应当继续扮演着启迪研究、传播新知的角色；其二，则是受所谓的"新博物馆学"影响更重，认为博物馆的使命之一在于扮演起所谓的社会机构的角色，直面当代社会冲突，反思当下社会议题。这两类答案在博物馆世界内存在着"新""旧"博物馆学之间的拉扯。在诸多研究与实践当中，时常顾此失彼。由此，"永远有多远"这样的展览也便更显其意义。它既带有传统母学科在自身智识发展路径中的一个方向，同时也具备极强的当代意义。

"永远有多远"展览的当代意义，正如我在开篇所提及的，在于当下国内的公共文化类机构实际上并不擅长直面死亡这样的议题。甚至在传统的生活哲学当中，我们惯于回避死亡的问题，或将其看作一类忌讳。但是很显然，作为生命个体而言，没有谁能够彻底远离死亡。我们忌讳死亡，回避从生死的角度诘问自身的个体价值和社会价值，但这在事实上并不会让我们远离死亡的伤痛。在此背景下，如果博物馆真正已然成长为一类社会机构，自是应当对此类议题保持敏感并予以探讨。

图7 第四章"仙者之望" ∞ "物种进化"：一种"主体进化"的实现　图8 尾厅

"永远有多远"展览展现了在博物馆世界里某些时候被看作是"水火不容"的两端实现兼容的一种可能性。它提醒着我们，智识体系对于来自过去的精神性问题的研究和阐释本身便是具备当代意义的。

当然，我们强调了"永远有多远"展览的选题意义，并不意味着未来所有的博物馆都需要接受或者复制类似的选题，每一家博物馆都需要在寻常和不寻常之间做出平衡，"新博物馆学"的发生也从来不意味着"旧博物馆学"便失去了意义。我们强调"永远有多远"展览的选题意义，并不意味着其所做出的破题便全然是成功的。细看整个展览，也不难发现，"永远有多远"展览对生死哲学和历史文物内涵的把握也存在着不够清晰和简练之处，四个单元的划分在区别度上不够明显，观众易于沉浸在展览所烘托出来的气氛当中，却惶惶不知所云。

无论如何，一个充满活力和多样性的时代，总是需要有人做出不同于寻常的尝试。

(图片由杭州工艺美术博物馆提供)

对 话

历史与当代并置

访谈者

王思渝

访谈对象

许潇笑 "永远有多远"展览策展人

王思渝：非常高兴看到杭州工艺美术博物馆成功推出了"永远有多远"展览。这场展览围绕"生命"主题，以生与死的问题作为展览的主线，将历史文物与当代艺术并置，让我感到极具突破性。您作为这场展览的主要策展人之一，能请您先向我们介绍一下这场展览的主要思路吗？

许潇笑：这场展览的选题，其实是想谈论关于"生命"的问题，从不同时空中各种文化对"死亡"的定义与价值取向，到一种"生命态度"的讨论。因为当代科技的发展，不仅仅是物质层面的医学、生物学等学科的发展，还有互联网、数字科技等领域的进步，都会触及我们如何看待、定义生命。

从过去到现在，对生命的延长，或者说延续，其实一直是人类社会关注的一个问题。能否"存在"，是所有其他问题的前提。虽然不同文化对生命的具体认知，包括表现形式、载体或者表达方式都可能各不相同，但是对生命长存的祈求一直在。所以，我们就想尝试从"永生"这个切入点来展开对生命这个话题的讨论。更具体地说，我们想从如何"实现"永生，是否存在特定一致的路径或者模式，来对历史与当下以及可见的未来做一个比较性的观察。其实展览的英文标题更为直白地表达了展览的主题：Shapes of Immortality，意为"永生的形塑"。这也成为整个展览叙事构建的一个核心出发点。

这次的展览从研究与知识体系上来说，历史与当代艺术各有不同。历史部分主要基于巫鸿老师的两本书：《黄泉下的美术——宏观中国古代墓葬》《礼仪中的美术——巫鸿中国古代美术史文编》。当代艺术的部分主要基于我们对近年来相关主题作品的梳理。无论是历史还是当下，我们发现，人们在如何实现永生的问题上其实有着特定一致的模式，并且可以构成对话。我们把这归结为：假设现世作为原点 A，那么可以有四种通过改变 A 状态从而获得永生的模式。其一，在 A（现世）中把精神的永恒视为永生的实现，我们把它看作"世俗寄托与祈求"和"信仰抒写与追求"；其二，从 A 到 A-，即构建一个平行虚构的空间，不受现世空间与日常世界的法则所束缚，没有时间的存在而达到永恒，这就是我们常说的"地下王国"与"虚拟世界"；其三，从 A 到 B，即相信非物质的"灵魂""意志""意识"是不灭的，通过特定的方式摆脱肉身，成为无限的存在，这也就是"飞升上天"与"异体替代"；其四，从 A 到 A+，即对身体这个物质性本体进行加工，从而无限延续生命，这也就实现了"修炼成仙"与"物种进化"。

如此一来，从展览的主题到整个叙事的构建，也就基本成形了。这四个板块是我们整个展览中历史叙述与艺术创作跨界对话的脉络，是"故事的情节"，更是"游戏的规则"。历史叙述和当代艺术中与主题相关的知识构建、展品的甄选与组团、空间的排布与视觉诠释都围绕着它展开。

从"物"（藏品和艺术作品）的排列组合来看，如果以戏剧排演的形式来比拟，其有"独角戏"，也有"群戏"。其中，"双人对角戏"在其中占得相对多些，借此来体现这个展览特有的历史遗存与当代创作之物的对话。

王思渝：这样的结构充满了巧思，但是想要用实物展品将其具体展现出来并为观众所理解，又是一项难事。以文物为例，一件文物的价值内涵往往是丰富的，往往包括但不限于生与死的含义。这一次的展览与通常的文物展又有很大程度的不同，文物所处的时间线和历史背景似乎都不再是这次展览的重点。这是一种故意而为之的阐释手段吗？

许潇笑： 首先，在讲阐释之前，我想先讲一下关于从藏品到展品的"选择"。因为我个人觉得策展的水平，很大程度上体现在如何选择。这个背后体现的是一个完整的学术观、策展观乃至策展人的文化价值取向。

就我们这个展览中文物藏品的选择来讲，虽然历史、考古的学科逻辑不一定是策展逻辑展开的依据，但是文物藏品的选择还是会考虑尽量覆盖相应体系中不同的知识节点。例如，墓葬中与生死观相关的不仅仅是明器或者其他陪葬品，墓室的空间也是很重要的元素，所以我们会特别考虑相关构件及其建筑环境在展陈空间中的表达（主要考虑到借展与展示保护的难度，只能选取体量较小的构件）。再例如，我们不会让展品只集中于某个年代。我们选择了汉墓中的明器作为"地下理想家园"部分的物质印证，那么，在道教对于修炼成仙的内容上我们则会倾向于选择年代再晚些的文物藏品。这样一来，就各个文物的"点"来讲，展览具有了可以向不同方向与维度散发的可能性，也更像是占据了一些重要的"节点"。当然，这都是一些底层的策展逻辑，在整体上对文物藏品有一个倾向性的考虑，最后选定的藏品还是受到实际借展条件约束。

规矩纹铜镜常被视为中国宇宙的陈规性图式：中央的方块代表地，外围的圆圈代表天，方块四边与四神代表的四方相应，四界也扩展到天界，表示四宫或星宿，与中央隆起的镜纽一起代表五行，面向外侧的地支被置于中央方块之上，从对应于北方玄武的子开始，沿顺时针方向顺次往后，清晰地表明了他们作为天地分界的功能。本次展览试图借此铜镜展示"生命问题"背后的宏观语境——宇宙与时间。

越窑青瓷墓志罐，从墓志文字来看，应该就是马夫人的夫君为她专门所做的。展览借此想要表达在无法摆脱死亡这一既定事实的现世中，为了实现生命的延续，对内在精神永恒与永在的祈求成为另一种重要途径，其中对已逝故人的纪念与追思是一个重要的方面。

图 1　越窑青瓷墓志罐

　　"俑"也可以被看作专为死者制作的再现类丧葬用品。中国古代的俑很少或从来不曾再现有名有姓的个体，它们的目的是表现和死后世界息息相关的一般性"角色"，不同角色的选择展现出为墓主人建造的"具体而微"的死后世界的模样。

　　"玉衣"是对装殓汉代诸侯王遗体的"玉匣"约定俗成的称呼，其实是用玉制造的身体，用这种意味着永恒的材料保护尸身，将之转化为超自然的存在，一个不受时间与自然环境影响的不朽的存在，从而可以"肉身不灭、灵魂永续"。

其次，作为一个讨论宏观思想观念的展览，我们肯定不是按照时间的线性关系进行展品的组合。我们有一条情节的线性关系，来作为观众参观的引导，就像一首虚构的"叙事诗"，从序章到尾声，讲述了以一个主人公"我"为第一视角的完整的故事。与但丁的《神曲》类似，"我"在不同的场景与不同的对象相遇，并展开关于"永恒、永生、永在"的对话。故事中文物藏品与艺术品被串联起来，同时，它们又有着较强的符号化的象征含义和诗意的想象，所以是一个在阐释层面上比较开放的状态。举个例子，以下这一段是主人公"我"在现世与一位老者的对话，其中黄色标注的是文物藏品，绿色标注的是当代艺术作品：

> 那年送长者祝福如东海，
> 　印寿千秋万岁。
> 但终有佛祖身后菩提，
> 落下冥思繁华才得永远。
> 那年奔走城郭硝烟漫漫，
> 　人生如六柿丰与萎，
> 　　苍茫一瞬。
> 遍野骷髅生来百花，
> 命中有命也是轮回永远。
> 那年灼烧花容样貌，
> 祭出情愫书写别样永远。
> 那年灰烬不是山水，
> 山水心中成为灰烬。
> 唯百步之余见无山无水，
> 　我们回顾天地永远。

"若生命不可交逢相见，

可否墓志交换永远。"

所以，这次的文物阐释在内容上希望给观众提供一个存在于主观与客观世界之间的"异托邦"，在那里个体的经验有着充分的自由得以伸展与投射，诠释也可以不再来自于外部的某个"权威代理人"，观众能够在自己的想象中去形成自己的意义。

其实，在我们的展览中，尤其是这种希望通过跨界打开诠释维度的尝试中，比起"文本性"的诠释，我们会花费更多心思和成本去做"空间化"的诠释，也就是说通过空间关系与视觉关系（色彩、肌理、体量、位置，影像）来表达。这可以和电影的"蒙太奇"手法进行类比。不同的展示媒介与手法，被移用在展陈中，不同空间形成各自的精神气场，随着空间的转换、气场的变化，展览的叙事由此推进并得到"展演"，是一种视觉上或听觉上都能感受到的叙事的流动，这

图2　汉代金缕玉衣

种展演就是我们这次展览中对文物藏品着力打造的、在空间这一层面的诠释。例如，"飞升上天"部分，在展示定位上是体现"叙事性"，所以在空间层面，我们会考虑把展品的图像都制作成动态化的影像，并置在实物展品一边；每个空间都有一种来自自然界不同的声音作为背景音乐，如流水、蝉鸣等等（由声音艺术家制作提供），这也和叙事诗及整个展览叙事不同单元或段落的场景相应和。

王思渝：您前面多次提到了关于"死亡"的话题，这似乎是一个特别不好展示的话题。这一方面有来自于博物馆伦理层面的限制，另一方面也有当代人对此问题的"忌讳"。您在策展的时候有遇到这方面的问题吗？

许潇笑：其实"死亡"不是这次展览的主题或展示对象，只是当我们谈论生命的时候，"如何看待死亡"是区别不同生命观的一个辨识度最高的"标签"。作为展览的宣传片，这次我们采访了7位不同社会身份的人物，他们大多数都是普通人，所以很难从"永生"这个话题直接切入，一般还是会先谈起是否有过关于死亡的经验或者如何看待死亡。

本次项目从2019年1月起意。现在由于新冠肺炎疫情的发生和持续的影响，整个社会舆论其实都开始倾向于慢慢地、更加深入地去讨论相关的不同层面的问题，其中就包括了如何面对死亡、生命等等。

回到博物馆的语境中，其实我个人觉得，过往的博物馆展览涉及"死亡"的并不少。因为博物馆毕竟有关于历史，所谓过去的人和事，其实多少都和"死亡"有关系。只是，这个主题可能更多时候被隐喻（或者说有意掩盖）在别的叙事之下了，或者说，很少被作为一个直接的对象进行讨论。这背后的原因也在于博物馆常见的展览叙事绝大部分是从物质文化遗产角度的记述出发，而不是从思想层面的思辨上，所以，就像"死亡"很少在博物馆中被直接展示和叙述一样，"自由""正义"等形而上的哲学概念或者观念性的主题都很少被关注。

大家在讨论死亡的时候，公共对话思维模式大多是积极、正面的，但我们希望有所突破。例如，我们展览的宣传片采取了灰白的色彩倾向，加上谈及死亡问题的时候采访者会自然流露的悲哀的或者相对批判的情绪，我们身边就会有人觉得片子太压抑、太沉重了，展览到时候一定不能那么压抑。但是，我们还是希望坚持一个原则，能够尽可能呈现与表达一个符合真实情境的状态，而这个"真实情境"或者说真诚的表达，就包括我们在谈论这个话题的时候有可能会被描述为"负面"的情绪或批判的观点（很遗憾，"批判"的观点也经常被认为等同于"负能量"）。我记得我们在采访诗人韩东老师的时候，他说了一句话："我们人是生活在一个布景当中，如果你撕开这个布景，让你看到全部的真实，人是受不了的。"这句话特别契合我们在这个主题展览中希望坚持的态度。因为现在是个"展览时代"，不仅仅是博物馆，还有很多其他机构、主体都在做展览，那么博物馆所坚持的价值观就变得越来越重要。就我们团队而言，我们认为博物馆的展览还是需要对"真实""真理"有一些坚持，"迎合"类的策展观（例如满足娱乐消费需求的）应该留给营利性机构去做（因为涉及生存问题）。所谓的"真实"或许就像韩东老师说的，需要"撕开布景，让人看到真实"。"求真"是我们的学术基础和指向。

现代装置影像作品"穿梭门"，起因是 2016 年作者裴丽的爷爷的过世，从而产生对生和死的思考。2016 年底裴丽为了看骷髅墙专程去了西藏。看到骷髅墙的第一眼，原本的忐忑与些许的恐惧都不见了，一眼望去，看到的是蓝天、白云、雪山以及三面排列整齐的骷髅墙，内心感受到的是无比的干净与平静。作品"穿梭门"等比复制了西藏的骷髅墙，将 393 个骷髅描绘在 104 幅小画上，材质是铝板油画。铝板看起来很冷很酷，没有温暖且不柔软，但是作者裴丽说："我总能从我的画面上看到情感，很容易将我的思绪呈现出来。"

充满悲悯之美的摄影系列作品"情书"让人联想到"火中荆棘"的异象和信念，大多中西方的传统宗教都相信任何人心里都有"圣"，每个人心里都有可以被生发出来的"爱"，"爱"是推动平等和公正的力量所在，所以艺术家自述"这是给所有人的情书"，而不是给某个人或某些人的情书。在这个层面上，"情书"

图3 现代装置影像作品"穿梭门"

是对整体性世界观的强调，是对把人类分裂、区隔为不同人的一种强烈的抗议。这些作品对隐藏的社会性问题避开了单薄的叙述或批判手法，而是内在地、以人类的困境和情感为线索，试图传递自我与社会、主观与世界的互生互成观点，更重要的是在当今世界日趋割裂的担忧中，对解决之道的寻觅和不舍的希望。

王思渝：除了"死亡"以外，您在别的访谈中曾经反复提到过"非人"。您是怎么理解"非人"这个概念的？又有哪些历史文物或者当代艺术作品能够体现您所说的这个概念呢？

许潇笑：我们所理解的"非人"这个概念主要来自于当代艺术对于现代科技的反思，包括人工智能、机器替换器官（乃至身体），或者是生物技术影响下，对"生命"或者说"人类"定义的反思，还包括互联网世界中可能形成的"数

图 4 艺术微喷 "情书" 之 15

字／数据生命形态"。这次展览中除了现世部分板块，其他所有版块中的当代艺术作品其实都体现了"非人"的概念，比如微软研发的人工智能"夏语冰"（昵称"小冰"），能够根据输入的文字而进行绘画"创作"，再比如李山老师"偏离"中的"蜻蜓人"、田晓磊"伟大"中的赛博格人等等。在展览中，我认为"非人"是作为"与现在的世俗文化中的生"的一个镜像概念来呈现的，它核心的价值点在于打破"对生命单一的定义"。

同时，这个概念在展览的叙事中也借来作为古人对死后生命形态的一个概括。例如，楚文化代表性的"永生之梦"中飞升上天的主体、修炼肉身得道成仙的道士，很多古代文献都着力描述他们与普通世人之间的区别，也就是"非"人之处，即"达到永生之后的一个永恒的状态"。金缕玉衣也是这方面的一个例子，在"肉身不灭、灵魂永续"这个观念之下，用玉这种意味着永恒的材料，将身体转化为某种超自然的存在。再例如，就古代语境来讲，"非人"的另一种具体化身也就是"神仙"，墓主人通过死后灵魂升天，进入天界之后成为"神人"或"仙人"，从而获得了生命的永续。

从策展这个层面上来讲，我们主要是将"非人"这个从现代衍生出的概念作为古代与当下对话的叙事点，连接完全不同的文化语境。我们的重点也不在于呈现"非人"的具体形态，而在于如何实现或成为"非人"，以及它曾经到现在都被认为是一种人类生命得以实现永恒的主要途径之一。这样的一个思维或认知模式也许从以前到现在从来没有变过，这也是我们讨论这样宏大问题的一种答案。

王思渝：其实这次"永远有多远"展览也不是杭州工艺美术博物馆第一次做这样文物与当代艺术对话且在主题上有强烈当代意识的展览了。那么，回到整个系列项目的动机来说，从机构定位的角度，是怎么想到由杭州工艺美术博物馆来主导推动这样的一系列展览呢？

许潇笑：作为一个年轻的博物馆，我们很清楚地认识到自己所面临的局限和可以打开的可能性。局限主要是指文物资源这种直接受限于历史积累的"天生的"

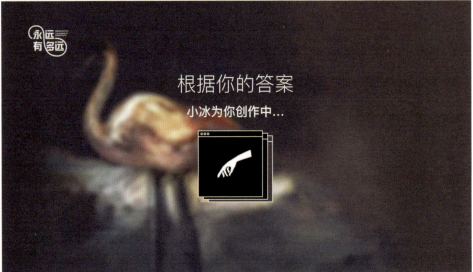

图 5 人工智能"夏语冰"

客观约束条件。我们会持续地问自己可以有什么样的核心竞争力。我们认为，策展的研究和实践，或者说策展的试验地，可以是一个很好的选择。相较于文物资源的"拥有者"，优秀的"使用者"是我们未来的方向，整合资源的过程实际上也可以是一个话语（权利）表达的过程。

其实，联合外部整合资源办馆一开始就在博物馆的基因里，杭州工艺美术博物馆群中，刀剪剑、伞、扇博物馆当时是和杭州的三个知名地方品牌（张小泉、王星记、天堂）联合建馆的。加上作为行业专题博物馆，杭州工艺美术博物馆也与工美协会以及相关的轻工行业部门相联合。这种横向的外部联络，对我们的团队而言从一开始就十分熟悉。后来，我们开展志愿者、馆校共建等工作也经常受到同行认可，在很大程度上也是和这种认知有关系。

再者，"工艺美术"这个主题本身具有很强的可延展性。从时间上来讲，从古代到现代，工艺美术一直存续着，而且跨各种载体材质（媒介）与工艺（技术）。从与当代的契合上来讲，工艺美术往形而上就是艺术创作（实际上许多当代艺术家最开始都曾经从事过工艺美术，比如徐冰的雕版印刷），往形而下就是批量化商品的工业设计，同时包容着现代人类对材料的新的认知以及新的关系。

所以，和当代艺术携手跨界，打破两者之间机构上、学科上的隔阂，我们越来越觉得是一个契合杭州工艺美术博物馆自身实际情况的方向。其实在构建杭州工艺美术博物馆临展体系的时候，我们就已经明确了要探索"跨界"，准备了一个"跨界系列"，旨在专门策划举办非传统展览思路、叙述对象、展示媒介的展览。后来在这个方向上，和当代艺术的跨界逐渐显露出更加契合的一面。当然，我们不会忘记这只是"跨界"的一种，我们也还在"酝酿"着别的形式和对象。

(图片由杭州工艺美术博物馆提供，所有图片的所有权与署名权为各藏品收藏单位与艺术家所有)

5 作为整体的 地方史

我们每个人都身处于一定的"地方"当中。在博物馆史上，借用收藏、展示、教育的形态打造一个浓缩了地方百态的整体性空间，一直是所谓的地方性博物馆的重要使命之一。重视地方价值，重塑地方感，这种博物馆的出现既是在为每个人寻找一个身份的归处，也是在为人类的整体历史发现更多的丰富性。

日本新潟市历史博物馆

『乡土的水与人的足迹』（郷土の水と人々のあゆみ）

水无形，润物亦无声，
却可以化作一座城的模样

展览地点
日本新潟县新潟市历史博物馆二层常设展厅

展览时间
常设展览

展览结构
水的形成
与水相连
水的挑战
与水共生

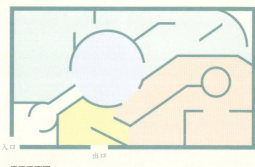

入口

出口

展厅平面图

水的形成
与水相连
水的挑战
与水共生

新潟市位于日本中部，日本海沿岸，是一座美丽的港口城市。新潟的发展离不开水，优质的水源使该地的大米和美酒的美名流传在外。水赋予了这座城市生命与灵魂，也养育了一方人。新潟的历史是人民与水相依存的见证。新潟市历史博物馆作为一家地方型博物馆，其常设展览以水为切入点串联起整个展览。

— 展览内容 ————————————————————

◆ 水的形成（水がつくる）

本单元展现了新潟依水而生的地理位置，以及水对新潟沙丘、低湿地地貌的形成起到的关键作用。展厅的正中是视频导览和一处动态沙盘，沙盘展示了新潟的地理位置，以及信浓川与阿贺野川的发源与流经地域。

◆ 与水相连（水がむすぶ）

本单元介绍了新潟人民依水而生的历史过程，以及依水开展的各类生产、经营、贸易活动。水是生产的基础，当地人以稻作农业和渔业为生，物产丰富，本

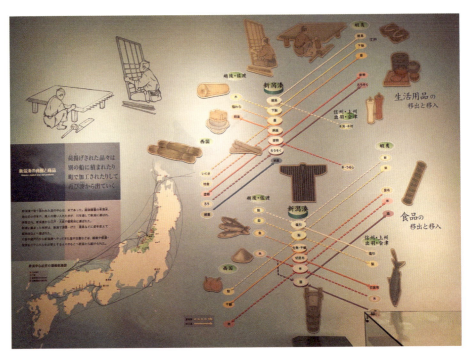

图 1　新潟港在国内开展的贸易路线以及输出和运进的商品种类展板照片

单元用模型还原了新潟人丰收的场景。江户时代的新潟港汇集了全国各地的物资，同时将本地的物资运往全国各地。展板介绍了新潟港在日本国内开展的贸易路线以及输出和运进的商品种类，此外，新潟港在日本与我国的贸易交往中也发挥了重要作用。天保年间（1830—1844 年），日本以新潟为窗口，从我国进口瓷器、生丝等物品，并将干鲍鱼、海带、烟盒等销往我国[1]。在成为重要港口城市的同时，当地居民的生活也由此产生变化，形成了独特的风俗与文化图景。展品《新潟白山神社大船绘马》便以想象与现实相结合的手法，记录了当时码头繁荣的场景，原作藏于新潟市的白山神社，此处为复制品。

---

[1]　作者参考展览中的图表信息进行翻译整理。

◆ 水的挑战（水にいどむ）

　　本单元的主题为水给人带来的灾难，以及人为了抵抗灾难所作出的努力。当水威胁到人们的生命财产与日常生活时，当地人并没有屈服，而是通过开凿河道、革新抗灾技术等一系列举措，为生产创造条件。展览使用电子屏幕动态展示了新潟地区水害发展的全过程。

　　万代桥因横跨新潟市的"母亲河"信浓川，被视为新潟市的象征。万代桥建于 1886 年，初建时为木质，曾两次毁于大火；如今的万代桥已是"第三代"钢筋混凝土材质的六孔连桥。万代桥位于博物馆附近，观众在馆内参观完"初代"模型桥后，还可亲自前往观赏"三代"实体桥的壮阔，完成跨时空的联动。

图 2 《新潟白山神社大船绘马》

图3 通过动态沙盘展示新潟地区水害发展、变化的过程

◆ 与水共生（水とともに生きる）

本单元对展览的主题进行了升华。纵观新潟的历史，水不仅给城市内部发展带来了便利，更加强了城市与世界的联系。"与水共生"的不只有新潟人，展厅通过播放短视频展现了生活在朝鲜半岛、俄罗斯以及中国的人民与水相关的生活状态[1]。另外通过简单的装置组合，展示了现今湖滨、湿地、河流的自然和生态环境。如在沙滩部分，观众可以直观地了解到从日本海沿岸打捞上来的各种类型的垃圾，其数量与贝壳形成了鲜明的对比。

---

[1] 参考新潟市历史博物馆官网：http://www.nchm.jp/contents03_tenji/03index.html.

图4 "初代"万代桥模型　　　　图5 "第三代"万代桥

图6 展示湖滨、湿地、河流的自然环境的装置

　　展览的整体定位实现了在一个综合性地方博物馆中面向观众全面介绍该地方的总体历史的企图。展览在编排上未完全脱离"通史类展览"以时间为线索的方式，但总体上呈现出更强的"讲故事"的风格。以水为切入点，展览将水与人的不同关系通过四个单元展现，每个单元主题鲜明、逻辑严密、编排合理，令观众全方位感知到水对于新潟市的意义，以及对当地文化的形成起到的重要作用。

　　在这样的主题导向下，展览中的展品选择也不仅限于传统意义上的"文物"，而有了更多的民俗物、场景、模型等必要元素的整体应用。

　　展览在灯光与色彩的运用上也贴合了每个单元的主题。第一、二单元展厅的灯光为冷色系，展板也以蓝色为主，以同色系的颜色为辅，既突出主题，又形成了较为舒适的视觉效果；第三单元在讲述与"水"相关的技术时，人与土地产生了联系，展厅的灯光随之变为暖色系，展板的色彩也以褐色与黄色为主。

(图片由司雨拍摄)

观 看

在日常生活中感受历史足迹

展评人

司　雨　北京天图设计工程有限公司创意策划编辑

　　博物馆是观看地方的"一扇窗"，通过这扇窗，人们可以在有限的时间内"观古今"，感受属于这个地方独有的味道，或者最大限度地获得一个地方的相关信息。日本新潟市历史博物馆"乡土的水与人的足迹"展览聚焦城市、地域民众在不同历史时期与自然环境（水）关系的变化，为展示地域历史文化、守护地方记忆提供了一种新思路。

　　展览中展品的种类涉及考古资料、艺术绘画作品、民俗文化财等，并根据研究资料复原相关历史场景，集各类展品之长，来讲述地方的故事。

　　展览详细介绍了位于信浓川、阿贺野川下游的蒲野平原。这片区域位于稍高的沙丘与天然堤坝上，周围环绕着大小不一的潟湖和河流。在这样的环境下，人们积极利用丰富的物产，用芦苇编织草席，将淡水鱼加工为节日料理等。在展示手法上，策展人将相关展品置于一个封闭的柜子中，柜内空间被打造为一个独立的"小场景"，参观者可以自行拉开柜门进行观看，节约展示空间的同时增加了与观者的互动性。与此同时，展览将旧时农业种植的场景按照1:1的比例进行还原，

图1 展示潟湖的生态环境的模型

图2 呈现"潟湖物产与人们生活场景"的柜子

以此展示与当代丰收时截然不同的景象，如在没有水的稻米田中收割、晾晒等。

人的自然观会渗透到其生活、生产的各个方面，本次展览亦把握住这一点并加以展示。日本地域狭长，各地分布着独特的自然景观；同时，日本作为一个岛国，多发台风、地震和海啸等自然灾害。在这样的环境下，如何应对自然的挑战，实现人与自然的协调发展，对于生活在这片土地上的人们来说十分关键。在自然环境和其他因素的综合作用下，各地形成了不同的"风土观"[1]。

"乡土的水与人的足迹"展览通过介绍蒲野平原上的自然风物来反映民众的日常生活。潟湖是当地独特的自然景观，物产丰富，在这样的环境下，农民多从事水稻种植、捕鱼等工作，并将收获的农产品通过轮船运往新潟及周边的城镇市场进行售卖。可以说，此地的农民在生产生活中感受四季的更迭，而季节的变化又指导着农事活动，影响着平常百姓家的衣食住行。

展览阐释了新潟成为"水都"的原因与过程。新潟依水而生，水带给这座城市生机与希望，与当地人民的生活息息相关，城市的发展史亦是人与水关系的变迁史。对于城市的未来发展而言，如何处理好人类与水资源的关系是当地居民要面临的课题，亦是所有人要面临的课题，这样的展览主题在展现地域文化、历史的同时，应能引起更多参观者的共鸣。

好的主题是展览的灵魂，用一句话来概括地方的精神与气质并贯穿于展览的全过程，这是诸多博物馆所追求的。但从众多的亮点中寻找关键词来串联整个展览，并非一件易事，需要其对地域文化、馆藏内容等熟稔于心。而且，地方历史的演进是一个复杂的过程，涉及领域众多，需要策展团队在策划展览时从多学科的角度呈现展览的内容，除却掌握历史、考古学科的知识，还要对地理、民俗、政治、经济等相关的内容有所涉猎。从该展览主题呈现的结果看，策展人打破了单一线性角度阐释地域发展脉络的局限性，从历史、文化、自然、社会发展等多

---

[1] 风土一词不仅指自然风貌，更重要的是各地形成的生活态度、生活习惯，以及创造的各类"风物"，如民俗建筑、各类生产工具等。

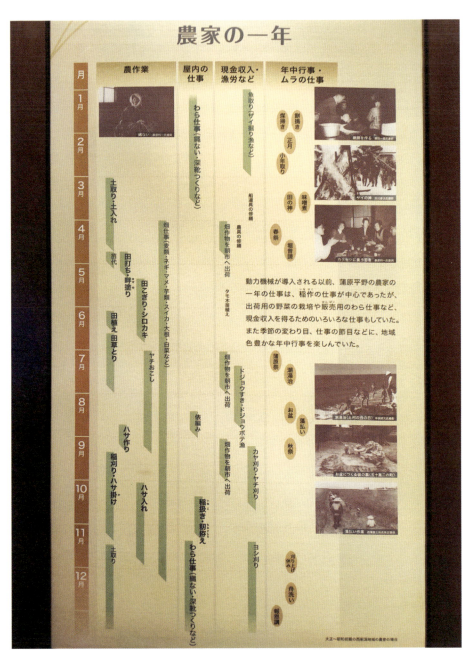

図3　蒲野平原上农民的一年

128

图 4　与人民生活密切相关的工具

个角度阐释了人与城市、人与自然的关系，叙事深刻而动人。

　　在本次展览中，"民俗文化财"的使用占据了重要的比重。日本对"民俗文化财"的保护源于 1950 年颁布的《文化财保护法》，民俗文化财中的民俗资料被纳入保护体系，但由于当时的保护范围、方式具有局限性，绝大多数的民俗文化财并没有获得制度化的实质保护。1975 年，《文化财保护法》进行了较大规模的修订，民俗文化财首次被分为有形文化财与无形文化财 [1]。

　　本次展览主要是对民俗文化财中的"有形文化财"进行展示，亦对其中"无形文化财"的内容进行了说明，主要体现在原料、工序、技艺、生产过程等内容上。

[1]　前者指的是"国民生活变迁必不可少的衣服、器具、房屋及其他物件"，后者指的是"国民生活变迁必不可少的有关衣食住
　　行、生计、信仰、时令节庆等的风俗习惯及民俗艺能"，二者在现实生活中紧密相连，不可分割。

图5 稻作收割、加工的农具

　　从展品本身的意义看，与贵重的"重器"不同，民俗文化财是最贴近民众且在普通的生活中扮演着重要角色的器物，但往往会因为观赏价值不高而被忽略。与一些知名度高、馆藏雄厚的省市级博物馆不同，地方博物馆在进行文物征集时更注重地域的概念。展品在外形方面可以是精美的，也可以是普通的。但对于博物馆来说，更重要的还是其本身能否讲述与地方相关的故事，能否与这个地方产生羁绊。对于地方博物馆自身的意义而言，除了实现收藏、展示、研究、教育的功能之外，其还承担了"保存地方记忆"的责任。对这类展品的重视不失为突破自身发展困境、打破"无物可展"的有效方式。

　　由此一来，在"乡土的水与人的足迹"展览中，观者可以充分地看到"以人为本"的理念，更准确来说是以"当地人"为本的理念。展览紧紧围绕主题，将目光聚焦在不同历史时期在这片土地上生活的普通人民身上，用各类文物讲述他们与地方的故事，展现他们的生活图景。此举有助于博物馆连接地域民众，增加观者参观后的亲切感。

根据考古发现，该地出土了大量绳纹时期的渔猎工具，如石锤、石镞等，通过对相关资料分析研究，展览呈现了复原后的绳纹时代人们的"生活图景"。在叙述方式上，展览弱化了遗迹的历史信息，而是将其作为"证据"，将重点放在史前人们的生活方式上。展览也呈现了影响城市发展的重大事件。在近代，基于日美友好通商条约，新潟于明治元年（1869年）正式开港，为地区的发展注入了活力，对当地城市建设、经济贸易、社会文化发展产生了重要的影响。在展览叙事方面，馆方聚焦当时人们对这件事的认知，如描绘了外国商船来新潟的场景的《新潟湊之真景》，或刊登有相关漫画讽刺新潟政局的报纸等。展览选取的内容虽不够全面，但更有针对性，观者也能一窥当时社会的缩影，聆听部分民众内心的真实想法。

从展览叙事手法和角度上，该展览与国内地方博物馆的策展理念有较大的差异。国内地方博物馆在选择展示的内容时，倾向于具有"偶然性"的重大历史事件、英雄人物等，选择具有鲜明"地域符号"、可传达地域形象和地方历史文化气质的对象，部分程度上忽视了宏观社会背景下不同历史时期的"众生相"。

至于产生差异的原因，应与日本"地域博物馆"的概念相关。大约在20世纪60年代末，日本学术界提出了此概念，在当时通常被称为"乡土博物馆"（现在日本亦有大量的乡土博物馆）。这与战后日本受到地域主义思维的启蒙，政治、经济都走向地方自治的背景密切相关。受此影响，人们开始关注各自区域独特的历史、自然、人文，在宏观的社会背景下建立地方博物馆的事业蓬勃开展。

20世纪80年代，伊藤寿郎提出了"第三世代博物馆论"[1]与"地域博物馆论"，

[1] 从历史发展与社会需求的角度提示博物馆社会定位与功能的转变。伊藤将博物馆的发展分为三个世代：第一世代的博物馆以搜藏、保管具有稀少价值的数据（宝物）为使命；第二世代博物馆搜藏的类型开始多样化，而以数据的公开为使命；第三世代的博物馆则是基于地方社会的需求而运作，并以市民的参与与体验为经营轴心。

图 6　捕鱼工具

图 7　绳文、弥生时代的考古发掘文物，用以展现当时的社会图景。

132

对日本的博物馆发展建设具有重要意义。地域博物馆是指"以地域的课题为核心，通过博物馆实现收藏、研究、展示、教育等本职功能，引导居民认识、发现地方，在此基础上解决关于地方的课题"。从博物馆的建设宗旨出发，开展各项工作，收集与地方相关、符合其运营的藏品，并开展研究，策划相关主题的展览，"地域"的概念贯穿于博物馆职能的每一个部分，相互联系，彼此影响，最终影响到展览的呈现。

新潟市历史博物馆的定位是"信息发源地"，在这里能够了解并学习与水一起走过的独具魅力的新潟历史，其展览的内容、后期开展的活动都围绕定位展开。类似的案例在日本并不偶见。如1993年开馆的江户东京博物馆，其常设展览是以德川家康进入江户以来约400年的实物材料，以史料为基础复原的模型和场景等展示了江户东京的历史和文化。有学者认为，东京的历史文化底蕴其实不如大阪与京都，但数百年来，其作为日本的政治经济中心，即使是在江户时代，当地居民亦有百万之多，形成了独特的市井文化。因此，博物馆的展示重点不是天皇、藩王或其他重要的历史人物，而是以江户（即后来的东京）市井小民的日常生活为蓝本描绘的世俗百态。展馆中有大量的模型和实景还原，观者可通过真实比例的民居、店铺等建筑，感受昔日东京人的生活。在博物馆的运营宗旨中，有一条是"力求开展符合江户'特有审美意识'的高质量事业"[1]，从其常设展览看，是符合这项宗旨的。

总体而言，"一方水土养育一方人"，博物馆所展示的地域文化特征是地方人文精神的体现，这是地方博物馆展览的核心要素，只有把握地域文化特色，用展览连接民众，用文物讲述地域的"过去、现在与未来"，才能更好地守护地方的记忆。

（图片由司雨拍摄）

---

[1] 参考江户东京博物馆官网: https://www.edo-tokyo-museum.or.jp/zh-cn/about/.

6 目光自下

只是看到了"地方"，或许还不足够。我们还需要回答，用什么样的方式来看待"地方"。后现代社会的企图之一便是在各个层面上强调个体的正当性。因此，20世纪后半叶之后诸多学科的工作方向都在提醒我们，不仅要目光向下，还要学会目光自下。真正发现"草根"或"基层"的方式就是让自己先学会自"草根"或"基层"的视角望出去。这能做到吗？

常设展览

史家胡同博物馆

当北京胡同的烟火气
聚拢进了博物馆，
是否可以长久地保鲜？

展览地点
北京市东城区史家胡同博物馆

展览时间
常设展览

展览结构
第一展厅　史家历史
第二展厅　人艺摇篮
第三展厅　近代教育
第四展厅　兰芷偕芳
第五展厅　胡同名人
第六展厅　时代记忆
第七展厅　怀旧生活

第七展厅　怀旧生活
第六展厅　时代记忆
第五展厅　胡同名人
第四展厅　兰芷偕芳
第三展厅　近代教育
第二展厅　人艺摇篮
第一展厅　史家历史

展厅平面图

　　关于史家胡同名字的由来已不可考，业内普遍认为其得名于明代大臣史可法。明永乐十九年（1421年），明成祖朱棣迁都北京，在元大都基础上重建北京城，史家胡同在此期间得以兴盛起来。清代定都北京后，北京民居格局发生根本变化，史家胡同区域归属于镶白旗。进入中华民国时期，史家胡同陆续有各界诸多名人入住。《北京城市总体规划（2004—2020年）》提出"保护北京特有的胡同—四合院传统建筑形态"，史家胡同的历史价值得到了关注。随着社区居民有了保护史家胡同历史风貌的意愿，2010年朝阳门街道以工作坊的形式，联系多方代表共同研究讨论，最终得以形成一个以胡同、四合院建筑和人文历史为主要内容，反映京味文化内涵的史家胡同博物馆方案。博物馆于2013年10月18日正式对外开放，占地1267平方米，是首个以胡同博物馆形式呈现的社区公共文化空间。

── 展览内容 ─────────────────────────────

◆ 第一展厅　史家历史

　　第一展厅介绍了史家胡同的历史沿革，该胡同形成于元大都时期，历史悠久，是北京最古老的胡同之一，也是极具老北京气韵之地。通过展板和实物展示，本展厅让观众了解史家胡同从古至今的发展脉络。

◆ 第二展厅 人艺摇篮

1950 年，华北人民文工团扩编更名为北京人民艺术剧院（现惯称"老人艺"）；1952 年，"老人艺"话剧团与原中央戏剧学院附属话剧团合并，在史家胡同 20 号院成立了北京人民艺术剧院。由此，史家胡同成为"人艺"的摇篮。史家胡同博物馆第二展厅的墙上便展示了许多老艺术家以及话剧作品的照片，清晰讲述了人艺的发展历史。

◆ 第三展厅 近代教育

史家胡同的历史与国家的近代教育息息相关。这一展厅介绍了庚子赔款、中国学生赴美留学等历史，游美学务处在史家胡同招考赴美留学生，1909—1911 年，三次甄别考试在史家胡同考场举行。此外，展厅还介绍了"左翼宗学"、史家幼儿园、史家胡同小学等历史渊源，展现了史家胡同在中国近代教育历程中的重要作用。

◆ 第四展厅 兰芷偕芳

史家胡同 24 号院为民国才女凌叔华的故居，该展厅为凌叔华与丈夫陈西滢的纪念展。展厅墙上介绍了凌叔华的生平和作品，如凌叔华用英文写成的自传体小说《古韵》，书中描写了其青少年时期的成长经历和家庭生活。展品体现了凌叔华夫妇的爱国情怀，观众从中可感受到时代背景下爱国之士平凡而热烈的一生。

图1 第一展厅 史家历史

图2 第二展厅 人艺摇篮

图3 第三展厅 近代教育

图 4　第四展厅　兰芷偕芳

图 5　第五展厅　胡同名人

图6 第六展厅 时代记忆

◆ 第五展厅 胡同名人

史家胡同名人辈出，展厅选取了其中具有代表性的各界人士进行展示和介绍，如军政界爱国将领傅作义、学术界章士钊、机械工程专家石志仁、艺术家邹雅、医学界内分泌学家刘士豪、同仁堂第十三代传人乐松生等。

◆ 第六展厅 时代记忆

胡同生活是老北京的一个缩影，展览陈列着胡同居民们捐赠的家中老物件，如家具、小人书、唱片、老相机、钟表等。此外，墙上的老照片重现了老北京曾经的生活场景。展厅旁边的小房子中保存着各种胡同的声音，包括卖豆汁、卖糖葫芦等70多种声音，仿佛让人回到了过去。

图 7　第七展厅　怀旧生活

◆ 第七展厅 怀旧生活

　　展厅陈列的是 20 世纪五十至八十年代的老物件，大多由胡同居民们捐赠。20 世纪五六十年代流行"三转一响"，分别是自行车、手表、缝纫机和收音机。到了 20 世纪七八十年代，又变成了流行的"三大件"：电视、冰箱和洗衣机。每一个老物件都承载着一个家庭的流金岁月，是胡同居民们的记忆，同时也引起观众的共鸣。

展览亮点

　　史家胡同博物馆所在地原本仅是一座多进四合院落的后花园，但在近年来的胡同保护、社区营造等进程中，它已经转变为"首个以胡同博物馆形式呈现的社区公共文化空间"，坚持"文化展示厅""居民会客厅""社区议事厅"的功能定位。作为一座具有生活气息的博物馆，其现有的展览在串联胡同的历史文化、重塑居民的身份认同等问题上做出了诸多积极的努力。

(图片由史家胡同博物馆提供)

观 看

社区博物馆与宏大叙事再反思

展评人

奚牧凉 北京大学考古文博学院博士研究生

如今，史家胡同博物馆已经成为北京乃至全国"社区博物馆"的一则范例。虽然在中国语境内，社区博物馆到底意味如何，迄今也未必存在明确共识，但史家胡同博物馆显然应该是距离人们心中那个若隐若现的社区博物馆梦想最近的尝试之一了：一方面，它以民国才女凌叔华故居为馆舍，以史家胡同大沙盘等为特色展品，由七个常设展厅对这片在北京别具意义的胡同社区的重大历史进行了集中展示；另一方面，2017 年北京市城市规划设计研究院（以下简称"规划院"）社造团参与共建后，史家胡同博物馆又围绕"社区营造"理念积极推出了诸多临展与活动。我想，可以说史家胡同博物馆已向博物馆行业内外证明，新博物馆运动所诉求的博物馆民主化目标，在中国还是存在着可能性的。

但在 2021 年这个"网络民主化"方兴未艾的时间点，再度走入史家胡同博物馆，"不满足"成了我的核心感受。且不论虚拟世界中的"自下而上"是否健康而有益，甚至是否只是某种资本游戏的变体，可以肯定的是，现在人们能在 B 站、虎扑等网络社区感受到的自我创造、运营与扩张的活力，已与新博物馆运动曾眺望的后现代图景颇为相似。然而目光转向线下，当置身"看得见摸得着"的史家胡同博物馆时，至少仅通过观察其常设展览，我所能直观感受到的博物馆面貌，却仿佛仍然停留在"社区1.0"的成长阶段。

史家胡同博物馆的常设展览为规划院社造团参与共建前的成果，从其略显朴素的形式设计即可窥出岁月的痕迹。更值得注意的是，这一社区博物馆常设展览的内容设计在诸多细节处渗透出官方视角。例如常设展览的第一章节"史家历史"，以时间顺序串联各小节内容，皆采取了"由大（北京）及小（史家胡同）"的叙事逻辑：第一小节即"胡同之始"，展览在回顾了北京胡同的起源后，才简单介绍"元大都兴建时，史家胡同所在位置就已被纳入规划，当时属于齐化门（现朝阳门）思诚坊"。这种将展览主题置于一个更高维度主题之下的内容设计，实际上目前广泛出现在众多地方博物馆常设展览中，当策展人员发现可资使用的地方历史素材匮乏时，便往往求助于更高维度地理单元的历史素材，由此，地方博物馆便顺理成章地接入了由中央至地方构建的地方志博物馆叙事体系。

展览接下来选取史家胡同历史上的杰出人物、事迹加以展示，其实同样延续了上述思路。以第二章节"人艺摇篮"为例。虽然北京人艺的创立在中国话剧史上具有重要地位，展览中涉及的相关信息，如曹禺等名人为剧院创立所进行的42小时谈话，至今的确仍为话剧行业所津津乐道，但北京人艺早期以史家胡同为根据地这一历史细节，即便在话剧行业也鲜有人知，北京人艺戏剧博物馆也未对此详加介绍。遗憾的是，史家胡同博物馆的常设展览除了一段关于周总理至史家胡同探望北京人艺艺术家的文字说明，也未能提供更多充分展现北京人艺艺术家在史家胡同工作生活情况的信息，由此，展示了"北京市政府批复人艺成立及领导班子任命批件"等有关北京人艺历史的展品与信息的这一章节，便也成为更为宏大的历史——而非史家胡同社区的历史——叙事的子集。

也许人们容易认为，一片胡同社区的历史大抵"稀松平常"，难以满足一座博物馆的常设展览对内容体量的需求，因而策展人员求助于宏大叙事也情有可原。

但问题在于，为什么会产生一套对价值的高低判断，并以此来决定展览的内容取舍？为什么一定是那些在宏大叙事中被证明了重要性的信息，顺理成章地成为这座社区博物馆常设展览的内容重点？如史家胡同小学，知乎上有一则获得高赞回复的问题："在史家胡同小学这种'贵族'小学上学是什么感受？"虽然高赞回复的答主对于"贵族"一词是否适合史家胡同小学存在疑问，但北京市民应该大多赞同这所小学绝非寻常。鉴于此，"近代教育"这一章节是否在暗示，正是因为史家胡同在更宏大的历史叙事中出类拔萃，所以它具有被"凝视"的特权？反过来讲，如果一条胡同拥有的只是一所"平平无奇"的学校乃至一段"平平无奇"的历史，那么它即便效仿史家胡同成立自己的博物馆，最终也将面临"无事可叙"的尴尬境地？

对于看似日常而普遍的"微观叙事"，史家胡同博物馆的常设展采用了仓储式的展示方法对其加以展示，试图以高信息量淹没"无重点可突出"的空白。在"时代记忆"这一章节，大量旧日胡同生活的日用品被集中展出，这固然是展览将视角从"官方"转向"民间"的积极尝试。但细细想来，这种微观叙事既未有意突出史家胡同特定人与事的关系（如欠缺特别明确地对历史细节的展示或提炼），又未足够充分调动观众与这段"身边的历史"的互动（如展品和展具的可触摸、可交互性仍待增强），致使这一章节最终仍然仿佛一次官方对民间的象征性"俯瞰"，所展示的胡同的时代记忆还是让人感觉有些面目模糊、难以共情，仅填补了社区博物馆对微观叙事的需求而已。我们不禁要问，如果观众不知这一章节的展品征集自哪里，能否意识到它们与史家胡同的联系？相似的展示方法是否可以出现在其他任何北京的胡同博物馆中，而它们之所以仍在史家胡同博物馆的常设展陈中成立，仅是因为北京尚且只有这样一座较有声量的胡同博物馆？史家胡同博物馆所扮演的角色，是否早已不只是史家胡同的服务者，还有整座北京城胡同文化的代言人？

虽然如今史家胡同博物馆口碑的重要来源之一，是规划院社造团参与共建后

图1 "生根发芽——北京东四南历史文化街区责任规划师实践"临展

运营的临展与活动，但无论如何，常设展览仍是大部分观众接近与了解一座博物馆的入口。不过，反观史家胡同博物馆近年来社区营造的可贵努力，另一种宏大叙事的若隐若现同样值得注意。虽然遗憾的是近年来亲历史家胡同博物馆临展与活动的次数不多，但我此次造访幸运适逢"生根发芽——北京东四南历史文化街区责任规划师实践"临展，正好得以一窥近年来博物馆的诸多成绩。在我看来，在充满设计美感与新意的展览形式之下，展览内容仍存在着建筑学界习以为常、由陌生概念与拗口表述组成的语汇，一定程度上拉开了展览与我的心理距离。展览前言的第一段，"呈现给大家的展览……是一个联合责任规划师团队数年扎根基层开展街区保护更新与社会治理的实践结果"，是否提醒了我们，这场展览乃至规划院社造团对史家胡同博物馆的参与共建，可能也不可避免地在潜意识中沾染了某种二元对立式的视角——"'知识精英'帮扶'百姓基层'"？在社区博物馆的中国实践中，如何避免"社区"止步于学术界构想出的"执念"，究竟有哪些方法能让博物馆在社区成员中真正获得共鸣？更值得思考的是，在史家胡同博物馆这一致力于弥合学术界与社区之间沟壑、整体而言已可谓十分积极与难得的案例之外，史家胡同博物馆是否其实是难以被复制的"生物圈Ⅱ号"式样本，

它创造出的社区营造成果是建立在比较高昂的投入产出比之上的，若其他胡同社区对其效仿便会发现难以为继？这一系列问题的答案，实则关乎中国社区博物馆的前路到底应该通向何方。

那么既然如此，到底应该对我们社区博物馆的未来抱怎样的期待？其实在我看来，也许应该跳出经典的新博物馆学与哈贝马斯的"公共领域"式思维方式，在本文开头所言的"中国特色社区"——由资本搭建的网络社区（"文化社区"而非"地理社区"）中寻找灵感。学术界大可不必立刻引用法兰克福学派的观点来警示社区博物馆与资本的水火不容。实际上虽然与史家胡同博物馆的非营利性不同，博物馆门口的"史家胡同文创社"是一家销售北京主题文创的店铺，文创社与史家胡同博物馆并不隶属相同的主体，但二者之间一直在努力尝试着互补短板。也许目前，畅想一家以资本运作逻辑打造的（文化）社区（类）博物馆，在国内还是无例可证的痴人说梦，但在"社区1.0"阶段的史家胡同博物馆诞生前，谁又能预想到未来这条北京胡同里将藏着一座中国博物馆行业的明星？我想，关于博物馆能带给这个世界的美好，我们是可以更有一点"想象力"的。

（图片由史家胡同博物馆提供）

对 话

在胡同里做博物馆

访谈者

奚牧凉

访谈对象

刘静怡 2020—2021 年史家胡同博物馆副馆长

奚牧凉：首先能否先请您介绍一下这几年史家胡同博物馆办的展览呢？

刘静怡：谈展览之前可能得先说下我们的单位北京市城市规划设计研究院（以下简称"规划院"）与博物馆产权方朝阳门街道合作的一些背景，才能去说明我们做的临时展览。博物馆所在的东四南历史文化街区是北京市第三批历史文化保护街区，2011—2014 年规划院做了街区的保护规划，然后深度介入到街区的保护更新实践工作中，2017 年受到街道邀请我们参与了博物馆的共建运营。博物馆一共有七个常设展厅和一个临时展厅，我们所做的展览都是在临时展厅举办的。2017—2019 年，街道每年会提供一些临展费用，其他部分由规划院或合作方承担。在街区保护更新和社区培育的理念下，从共建运营以来我们策划了 30多场临时展览，我挑一些印象深刻的介绍一下。2017 年是合作的第一年，我们做了一个"回家串门儿"展览，是想拉近博物馆和大众之间的距离，有认门儿、画门儿，让大家认识胡同中"门"的种类和意义，了解胡同里人的生活状态；"回家旧影"展览主要是通过收集居民的老照片进而收集居民的口述史，让更多

图1 "回家串门儿"展览

居民的过往生活展现出来。2018年我们做过"京城回眸"展览，把规划院20世纪五六十年代的东四地区老照片拿出来，借此去讲与东西南北大街有关的各类故事。到了2019年，博物馆临时展览的频率其实已经非常高了，一年12个月我们做了12次展览。四五月份的时候，有一位住在演乐胡同的老人，也是史家小学毕业60周年的毕业生，联系到我们说想搞一个老同学聚会，借此契机我们就做了儿童友好社区相关的研究，策划了一场展览，把60年前的上学路和现在小学生的上学路进行了对比，做了"对话童年"的展览。2020年，因为疫情的影响，我们策划了史家社区抗疫展，从全国抗疫的背景出发，再聚焦到一个小的社区的相关行动。随着史家胡同博物馆自身名气的提升，开始不断有合作方找到我们，也逐渐形成新的模式，即博物馆提供场地，合作方来做跟自己的身份契合的展览，"自然之友"环保组织在我们这里做过环保展，中国妇女杂志社做了一个"《中国妇女》80年：半边天的壮丽史诗"封面展，2021年5月还有独立艺术家做了个展，展示她在胡同里见到的各种功能小车，探讨胡同里人和车的联结，非常有趣。

图 2 "对话童年"展览

图 3 "对话童年"展览配套活动

奚牧凉：您刚刚说的是博物馆近几年临时展览的情况。博物馆还有一个常设展览，这个展览似乎是在规划院进驻之前便已经做好了的?

刘静怡：据我所知，常设展览主要是东城区名城委、街道办事处和英国查尔斯王子基金会（中国）一起合作的，是在规划院团队进驻之前。博物馆一共有七个常设展厅。第一展厅展示了北京胡同和史家胡同的历史，第二至五展厅展示了史家胡同的教育、名人的故事，第六至七展厅以实物和声音来展现胡同里的生活记忆。常设展览以文字、图片为主，还有一些实物、微缩模型和胡同声音。其实从 2010 年开始，大家在筹备史家胡同博物馆时，街道、社区、专家和居民就一起参与进来了，所以大家是在一个不断讨论的过程中，确定这个地方要做一个博物馆，而不是说谁提出要做一个博物馆，再让大家参与表决之类的。所以，社区居民就对这个博物馆的感情有所不同。等到 2013 年，博物馆去征集展品的时候，居民很愿意把自己家里的东西拿出来，当时也建立了一个规则，即捐赠东西的社区居民未来可以随时把这些东西拿回去。

奚牧凉：这样的基础应该也会影响到你们现在做展览、做活动时与街道、社区之间的关系?

刘静怡：我觉得更多的是这样的群众基础会给博物馆的运营带来帮助，以及我们做保护更新和社区培育也脱离不开街道和社区。现在我们形成的工作模式是，如果我们想要做一个展览或者活动的话，我们会把这个项目的策划拿出来与街道社区一起讨论，社区会帮我们去找匹配的居民作为适合的参与对象，不能由我们直接联系居民参加活动。毕竟，对于街道和社区来说，如果任何在地机构都能直接扰动居民的话，肯定也有很多的不可控因素。所以即便我们认识挺多在地居民，但是如果是项目上的事还是会经过街道和社区。

奚牧凉：那么从目前的情况来看，街道和社区对于你们给出来的提案，一般会是什么样的反馈呢?

刘静怡：一般都很支持，有很多方案也是在和社区一起讨论的过程中成型的，

图4 儿童活动——名城青苗读书会

图5 居民活动——史家邻里节

很多时候我们先拿出来一个初步的想法，与社区一起可能开 2~3 次讨论会，然后一起来决定这个事情怎么干，最后我们再把这个方案交到街道。我觉得是个挺好的合作过程，也挺顺畅的，社区是最了解居民的。

奚牧凉：那么对于街道、社区、居民而言，大家会怎么看待史家胡同博物馆的定位呢？比如会不会把史家胡同博物馆当作一个宣传门面？

刘静怡：这家博物馆从建设之初就是在街道社区的扶持下建起来的，大家都付出了很多心血，所以我觉得对于街道来说，他们对于博物馆是有自豪感的。此外，因为史家胡同博物馆是全北京首家胡同博物馆，所以接待过国内外各个级别的参访，这样的一家博物馆对于街道来说也是一个拿得出手的"好东西"。

对于社区的居民来讲，他们很多都在这条胡同里生活了五六十年，这些人都是一点一点看着博物馆盖起来的。他们对博物馆甚至比我们对博物馆还要熟，他们对博物馆有一种情感。当然，我们也发现，居民其实可以分为两类。一类居民会经常到博物馆里来遛弯儿，这已经形成了一种习惯；还有一类居民比较少来，因为他们觉得对博物馆太熟悉了，展览已经看了无数遍了，所以如果没什么特殊活动是不会来的，但是偶尔会带家里的亲戚朋友来转转。

奚牧凉：其实有一点我比较好奇，在于咱们办了这么多"有文化"的活动，那是不是说这条胡同里的社区居民整体文化水平也很高？不然的话，这样的活动也不能受到他们的欢迎？

刘静怡：我刚开始加入史家胡同博物馆工作的时候，社区确实跟我说，咱们这儿居民的文化水平、认知都是高的，如果你给居民组织一个唱歌跳舞的活动，居民可能都不太有兴趣参加，但是他们会很自豪比如 XX 大学教授来给我们讲个课什么的。也有一位曾经住在这里的清华大学的老师跟我说过："一条胡同里也是有社会结构的，你做在地工作的时候了解这个结构很重要。"社区经常下户，对居民非常了解，他们也会根据我们的活动通知适合参与的居民，这也是因为大家的需求和兴趣点不一样。

奚牧凉：作为一个北京人，我也早闻史家胡同的大名。那我可以理解为，是因为这条胡同本身在历史和文化价值层面的特殊性，才要在这里建一处博物馆的吗？

刘静怡：准确地说，这里之所以能够有一处博物馆，是因为这里先有了一个"能用"的空间。本来从历史文化遗产保护的角度，史家胡同在早年间还没有那么受专家们的青睐。后来，是在街道和社区的极力推荐下，通过深挖这个地方的历史才找到了很多被掩盖的故事，比如知道了这里是民国才女凌叔华的故居。最终选了这个地方，经过大家的讨论之后决定建立一个胡同博物馆。当然史家胡同本身也有极高的历史和文化价值，就像那句话说的，"一条胡同，半个中国"。但是确实不是要建博物馆，然后选址建设的，是反着来的。

奚牧凉：我之所以这么问，是因为我觉得这很影响史家胡同博物馆的定位，它到底要定位为这条胡同的一个博物馆，还是北京的社区博物馆或者胡同文化的代表。我觉得这是不一样的。我在看展览的时候能感觉到有不同的力量在同时前进。

刘静怡：博物馆刚开始建立的时候，街道给它的定位是"老北京文化的展示厅、社区的议事厅和居民的会客厅"，在我们做运营的时候也很认同这样的定位，其实就等于把您刚才说的"多重力量"都包含进去了。对于街道来说，我们现在确实也承担了不少对外宣传层面的职能，这里成了北京胡同文化的代表，通过博物馆这个窗口让更多的人了解北京的胡同文化和史家的历史文化。同时，我们也在做对内的面向"这条胡同的博物馆"的口述史以及社区培育等与社区协作的活动，在前面提到的展览里也多有体现。除此以外，规划院为了实践保护规划，在博物馆以外也有一些工作，比如院落公共空间改善、菜市场改造和大街橱窗这样的项目。这等于我们在前面的"三厅"基础上又加了一重"责任规划师实践基地"的定位。这一系列的工作实际上也和博物馆里的常设展形成了一种时空连接，毕竟常设展主要面向的是过去的事情，但是没有关心现在这条胡同里住着谁、他们

图6　微花园论坛

有什么样的故事以及关于这条胡同的未来等内容，所以我们做的很多工作也是对常设展览的一种延续。

奚牧凉：其实我了解到您这个团队的成员主要是城市规划专业出身的学者。您觉得，现在史家胡同做的这些工作对于规划专业来说有怎样的意义？你们会用什么样的学术视角来理解你们所做的工作？规划行业对史家胡同博物馆的工作有怎么样的评价和反馈呢？

刘静怡：从我个人而言，我会以"片区为博物馆"这样的概念来看待史家胡同博物馆，会把东四南历史文化街区乃至朝阳门街道都当成一个大的博物馆，然后把史家胡同博物馆当成这个大博物馆的一个重要窗口。作为规划院来说，我们一直把这里看作是"责任规划师实践基地"，我们的团队现在也做了不少从城市规划的角度来说更偏重于区域保护和更新的工作，不完全是场所运营的工作。这样做的原因也是基于我们传统做规划的时候，绝大多数时间是在做"保护规划"这样的指导性内容，但仍然有很多事情是无法落实下去的。规划代表了一种通盘指导，规划里可能写着"要改善居民生活"，但是这件事情要怎么落实下去、具体的路径到底是什么，还包含了诸多的问题。我们这个在地团队现在做的工作很大程度上在尝试发现和解决这样的问题，去找到在实践中的答案，而规划其实也是需要实践来反馈的。

当然，从传统规划领域出发，确实也存在一些不同意见，会觉得办博物馆、做活动就不是一个规划师"应该"干的。团队里大家也会困惑"做这件事情到底有什么用"。但是目前来看，这个小分队多年的探索在规划界还是受到了一定的认可，我们的角度和深度已经和其他传统规划师有所不同了，我也看到了越来越多的规划院走到社区这个层面。

奚牧凉：其实这些年除了规划团队之外，也有各类其他的力量在不断进入社区。例如，各类更为营利性的资本的力量。而且对于游客来说，他们其实不会去区分哪些事是资本做的，哪些事是规划院做的，哪些事是街道做的，他们看到的是一个整体性的面貌。例如，史家胡同博物馆与附近的文创社之类的设施是一种怎样的关系呢？

刘静怡：这个文创社也是街道引入的合作方，博物馆建立之后，朝阳门街道逐渐建立了多个社区文化空间，形成了"文化联合体"，有一种互帮互助的关系，不过它和博物馆之间没有直接的关联。我们在做各种展览活动的时候会有一些合作，比如市集活动时文创社也是一个打卡点，还有一些系列主题活动文创社也有参与，给博物馆一些支持。他们办活动时我们也会提供力所能及的支持，比如场地、设备之类的，一般是这样的合作，好邻居的状态。

（图片由史家胡同博物馆提供）

7

他者的 历史

不管我们怎么转换目光，人总是有"我""他"之别的。博物馆有时候会加深这些来自他者的凝视。我们一直乐于透过博物馆去窥探一个陌生之地（无论是来自过去，还是来自当代的远方）；也常倾向于认为，被博物馆选择出来的物与历史便代表了那个我们所不熟悉的"他"的全部。那么，事实如何呢？

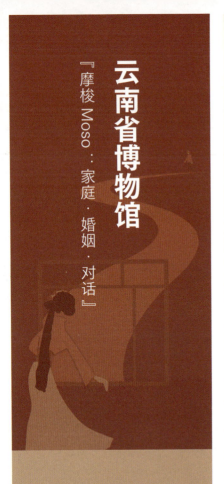

云南省博物馆

『摩梭 Moso∷家庭·婚姻·对话』

你可曾坐在泸沽湖岸边，
听那摩梭阿妈话唠家常？
一言一笑，就道遍了
整个家族的姊姊妹妹

展览地点

云南省博物馆一楼临展厅

展览时间

2020 年 7 月 1 日—2021 年 2 月 28 日

展览结构

开篇：他们说

第二部分：永宁——永远宁静的土地

第三部分：摩梭传统家庭与婚姻

第四部分：存古开新——摩梭的今与昔

第五部分：对话

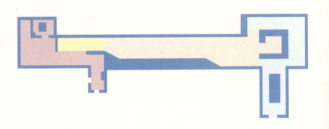

展厅平面图

○ 开篇：他们说
○ 第二部分：永宁——永远宁静的土地
○ 第三部分：摩梭传统家庭与婚姻
○ 第四部分：存古开新——摩梭的今与昔
○ 第五部分：对话

展览缘起

为贯彻落实国家文物局等七部委《关于促进民办博物馆发展的意见》和《关于推进国有博物馆对口支援民办博物馆工作的意见》的文件精神，云南省博物馆经过几轮实地调查，与泸沽湖摩梭民俗博物馆（现名"宁蒗彝族自治县摩梭人博物馆"，后文简称"摩梭人博物馆"）签订了《云南省博物馆与宁蒗县泸沽湖摩梭民俗博物馆结对共建帮扶协议》（以下简称《协议》），结成共建帮扶单位，帮助摩梭人博物馆提高专业化水平，同时决定以云南省博物馆为平台策划推出大型原创展"摩梭Moso"。

《协议》签订后，从2016年开始，云南省博物馆就派出团队前往泸沽湖落水村进行田野调查，帮助摩梭人博物馆整理馆藏文物，开展针对博物馆工作人员的访谈，在博物馆所在社区进行相关资料、信息的收集，还对摩梭人博物馆的展陈、保管条件进行现代化改造。展览前后筹备达4年之久，最终定名"摩梭Moso：家庭·婚姻·对话"。

展览内容

展品集合了云南省博物馆馆藏摩梭精品文物以及摩梭人博物馆馆藏文物共计300余件（套），此外还有大量珍贵的实物、照片、访谈及影像资料，全面、真实、深入地展示摩梭人的历史、生活方式、家庭婚姻，同时引入现当代艺术家对摩梭人的解读，用艺术作品展开摩梭人与观众的对话与探讨。

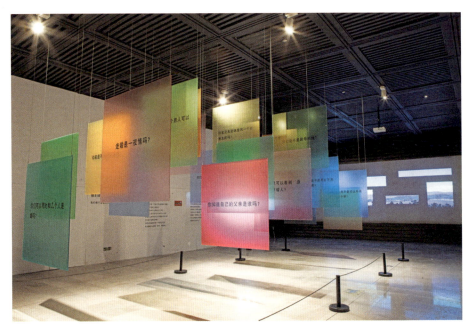

图1　彩色亚克力装置

◆ 开篇：他们说

开篇部分展示了外部社会对摩梭家庭婚姻文化长期存在的好奇与误读。开篇的彩色亚克力装置直白地将外界对摩梭人的猎奇与误解列出，如"走婚是一夜情吗？""男人是不是可以同时和几个女人走婚？"等，使观众带着冲击与好奇进行探寻。

◆ 第二部分：永宁——永远宁静的土地

第二部分从族源和迁徙历史上追溯并回答了"我们从哪里来？""我们为何形成今天独特的家庭婚姻形态？"展品如民国时期摩梭葬礼所使用的彩画。摩梭人相信万物有灵、灵魂不灭，悬挂在棺木正前方的彩画是为亡灵安魂、送魂，指引逝者魂归祖居地所用。彩画最上方的三座雪山代表祖居地"斯布阿纳瓦"，最下方鞋底打孔的寿鞋是为了抖落路途中进入鞋内的硌脚沙石，画面中的各种法器保佑亡灵得以顺利与祖先团聚。

◆ 第三部分：摩梭传统家庭与婚姻

第三部分展示了传统摩梭大家庭和走婚。形式包括实物展示和影像资料播放等。摩梭家屋最重要的地方为祖母房，又称"依咪"。"依咪"是摩梭人饮食、待客、议事、祭祀、敬神的场所，见证着一个家庭生、老、病、死的全过程，既具有使用的功能，又是摩梭人极为重要的精神寄托。

走婚是摩梭人的习俗，在走婚的展示中，背景画表现了青年男女在节日中相识相恋的过程，而腰带是传统社会中摩梭男女互送的重要爱情信物。当走婚的男女共同孕育了孩子，孩子养育在母亲的大家庭，父亲时常去探望伴侣和自己的孩子。

这一部分还有一个极具代表性的展品——生死流转装置。该装置展示了摩梭人的生死观，分别选取了象征摩梭人出生、满月、成年、婚恋、终老、回归祖先故地的符号物件来展示摩梭文化中生死流转的过程、观念和意义。

◆ 第四部分：存古开新——摩梭的今与昔

第四部分呈现了现代化冲击下摩梭社会的文化变迁，以及今天的摩梭人所持有的家庭婚姻观念。其中"当代摩梭青年访谈"的影像资料为展厅最受欢迎的部分之一。

图2 摩梭葬礼使用彩画

图3 祖母房场景复原

图4 走婚实物展品

图5　生死流转装置

图6 艺术装置"花房"

◆ **第五部分：对话**

本次展览打造了一个开放式的展览结尾，开启一个关于摩梭与外界的对话。以摩梭文化为主题引入一组云南女性艺术家的作品，展示她们对摩梭文化的认知和解读。

例如雷燕的艺术装置"花房"，蓝色静谧的空间象征泸沽湖的天水一色，静听有轻微的汩汩的水声，一条摩梭女子的百褶裙悬挂于半空，裙子用纸做成，纸的洁白象征摩梭人的神圣精神，纸的脆弱反映了摩梭文化在现代化进程中的现状。

　　"神秘""原始""野蛮""女儿国""性乐园"……外界铺天盖地给摩梭人贴上的各种标签，是人们面对不了解事物展现的猎奇与无知，也带给了摩梭人心里长期压抑的急切、愤怒、悲伤和无奈。展览没有逃避这些敏感的词汇，而是选择在观众神经上跳舞，直接地挑拨、揭示与呈现，使得摩梭人真实存在的传统与现实碰撞，继而接轨，"先破后立"地完成了自然而然的接纳与理解。

　　在这个过程中，展览巧妙运用了当代艺术，实现了传统与现代的碰撞。加深了思想的深度，提升了展览的观念性、对话性、开放性以及和当下社会的连接性。

　　展览力求资料来源扎实，学术积淀丰厚。策展团队自 2016 年始进入泸沽湖间断性地开展田野调查，在文献梳理基础上采用人类学传统的访谈和参与观察等方法对云南境内泸沽湖区域以落水村为主的摩梭聚居区进行调查。此外，云南省博物馆与摩梭人博物馆有帮扶关系，以生态博物馆理念为基础，将整个泸沽湖落水村视为生态博物馆的区域，包括居民生活社区和信息资料中心两部分，研究更为彻底。

　　同时，展览通篇采用了第一人称的叙事语言，以摩梭人的视角讲述他们自己。着重于"人"，而非"物"或"文化"，展品都围绕人来陈列。在展示母系大家庭时，以亲属关系为脉络，以"角色塑造"为目的分别展示了传统摩梭家庭中的祖母、舅舅等角色，希望观众能了解、触摸和感知这个族群。

　　最后，展览做到了主题的延伸。一方面，展览在讲述完摩梭家庭与婚姻的主题后，还进一步展示了全世界不同国家和民族的家庭婚姻形态，通过更大范围的文化比较，让观众感受到文化的多元性，更能体会到对不同文化理解、包容和尊重的重要性。另一方面，公众的家庭照片和故事的采集激发了观众参与的兴趣，更容易引起对于家庭情感上的共鸣，通过共情的力量实现传统与现代差异的和解。

（图片由云南省博物馆提供）

观 看

展览中的主体与关系

展评人

涂　翔　北京大学社会学系博士研究生

在云南省泸沽湖畔的摩梭人一直以其独特的亲属制度为人类学家所关注，虽然存在婚后从夫居的案例，但摩梭人总体上维系着"男不娶女不嫁"的走婚方式。他们独特的家庭组织、婚配方式和继嗣关系曾被人类学研究视作原始文化的当代遗留，并用以佐证一种由母系至父系的文明演化路径。随着人类学比较视角的扩展及理论的更新，摩梭人作为家屋社会的典型，其组织模式已不再成为"原始性"的象征，而是呈现了人类在特定环境下组织社会生活的一种可能样态。但这些研究的脉络与进展并没有走向公众。

虽然旅游开发让越来越多的人知道摩梭人，并走进他们的生活世界，但大众依然对摩梭人的社会模式与文化逻辑缺乏深入的认知。当摩梭人与他者在物理空间中相遇，在文化观念中碰撞时，不同主体自然会从其自身处境和历史心态中产生出多重意义交织的世界，或扭曲，或对抗，或调和。但摩梭人更多的是被言说的对象，他们自己对现代性的回应与挣扎却长期处于遮蔽的状态。摩梭人的公共形象依然陷于一种扁平化的奇异想象中。这一奇异想象是当代爱情、婚姻与家庭观念的病态投射，摩梭人丰富的社会生活被压缩成单调的情色象征，并且为了发展旅游业，不断固化这一象征。因此，如何让失语的社会群体重获言说自己生活世界的能力，如何让摩梭人的婚配与家庭方式在公共认知中逃离扁平化的命运，如何让他者的目光穿透单调的猎奇想象，深入理解摩梭人完整的生活方式，都是文化工作迫切直面的问题。

博物馆在这一文化工作中扮演很重要的角色，它既是现代社会中传播公共知识的一条重要路径，也是勾连学术研究与大众文化的理解之桥梁。现代博物馆缘起于近代欧洲文明与非西方他者的接触，它与皇家宫苑的"博物"都体现在对他者之风土人情与"方物"的收集展示，但其所依托的知识系统颇为不同。现代博物馆是一种独特的知识工程的构造部分，以科学理性的分类为其原则。这一知识工程的兴起，尤以18世纪中产阶级所构想的世界图景为支撑，带着强烈的探索世界的求知欲望，试图把散落世界的自然与人文现象全部纳入一套类型学的准则里。搜罗与分类既是殖民者征服具体社会群体的象征，也是一套知识体系对另一套知识体系的征服。与此同时，博物馆从禁闭的宫苑走向公众，成为面向大众的知识教育场域，通过展示物件，布置场景，不仅构造了自我的历史，也构造了自我与他者的文明序列。因此，现代博物馆与大众文化的兴起有很大关联。

虽然殖民者已经离去，博物馆所展示的"真理"内容与社会功能也有所不同，但它与大众文化的关系，以及类型学的原则保留至今。在我们的博物馆中，尤其是少数民族文化展览中，"物"依然是客观化知识的载体，被大众凝视的对象。它们被封存于玻璃柜中，从其生活语境中拔起，被重新安排在一种分类逻辑里。它们与观看者保持一定的物理距离，以客观而精确的注释言说着它的前世今生。虽然它们存在的真实性不容置疑，但作为物件的真实何以去重构一个族群的历史真实或生活方式的真实，则是作为一个不满足于"只见其物，不见其人"的业余观看者所提出的期许。

云南省博物馆的摩梭展览正是对上述问题做出的一次实验性回应，它试图在博物馆中的人与物关系上做出突破。这一实验性的突破体现在两个方面，一是人／物与观看者的关系，二是人／物与摩梭人的生活世界的关系。展览从一开始并不避讳所有的奇异想象，而是将这些挟带着误解与猎奇的他者眼光抛还给他者，继而以一个对谈者的姿态引领着观众步步追寻摩梭人的历史与当代生活。

在展览的主体部分，策展人有意隐匿了客观的解说者的身份，而是以摩梭人的主位视角讲述他们自己的故事。在起源与迁徙的部分，我们跟随着族群祖先自北而南迁居，又相伴摩梭人的亡灵自南而北回归。在这生死循环之旅间，世世代代的摩梭人展开他们的社会生活。展览的主体部分正是摩梭人的婚姻与家庭，以及这一族群在遭遇现代性冲击时面临的挑战与文化调试。在"摩梭传统家庭与婚姻"这一部分中，展览以第一人称的口吻，详细介绍了摩梭男女身处的家庭制度，家庭中各个成员所扮演的角色，他们之间的互相称谓以及在日常互动中应有的责任与权利。而在最核心的走婚部分中，策展人同样以主位视角为我们呈现了摩梭青年如何谈情说爱，如何缔结"阿夏"关系，如何获得事实上的婚姻关系，以及如何养育后代。在理解了传统家庭与婚姻形式的"理想型"以后，展览通过播放当代青年访谈视频，让观众直观地感知到当代摩梭人面对新的社会处境时的变与不变。通过"她们"吐露的"心声"，我们可以看到她们面对现代婚姻家庭观时的彷徨与挣扎，也能看到每个个人在恋爱、婚配与组构家庭时的抉择和心路历程。因此，在摩梭人与他者的文化接触中，他们所营造的社会关系并不仅仅是由文化结构所规范的，也不仅仅是对传统与现代做一个非此即彼的选择。他们对于婚姻、家庭、现代化的生活方式有他们自己的理解和反思。摩梭青年的走婚不仅仅是一种习俗的沿袭，更是他们参与到整体社会进程后的能动选择，他们的固守是文化反思后，对另一种生活方式之合理性的坚持。这些"心声"呼应了展览开端部分那些偏狭的提问，消除了奇异想象和情色想象，把文化表象融入摩梭人生活经验的合理性当中，并且让他者的眼光回落到自身的生活体验中。一个耐心的聆听者或许会发出这样的疑问，相较于摩梭人，我们的婚姻家庭模式有哪些不合理之处，我们的生活方式又有哪些荒诞之处呢？展览的最后一部分则是通过艺术作品的方

图 1　展览以剪影动画展示摩梭男女相识相恋到生儿育女的过程

图 2　走婚影像资料

图3 摩梭人家庭的架构
1.祖母 2.舅爷 3.妈妈 4.舅舅 5.兄弟姐妹

式来实现对话。这些艺术作品以细腻而梦幻的意境表达了摩梭人的生死循环与女性意象，并升华了摩梭人与他者对话这一主题。

纵观摩梭展览，其独创之处在于将大量的人类学研究方法融入展览之中，以摩梭人的主位视角讲述族群的一些重要生活主题，这种方式使得观看者获得一种参与式的体验，而不仅仅是主体对于客体的冷静审视。但这种主位视角并没有脱离客位观察，策展人以扎实的田野调查为基础，有意选择一种对话的姿态，并在展线中展示了摩梭人婚姻家庭的今昔之变，这也充分体现出其对于主客观察的结合。策展人不仅自己深入参与到摩梭文化中，也希望将这种基于理解与反思的参与感分享给大众。

除了视角与言说方式的创新，摩梭展览还将个案研究的方法带进博物馆的展览之中。在解释摩梭传统家庭与婚姻时，作者以"拉姆的大家庭"这一具体的案

5

例来说明家庭中的人物关系和家庭组织原则，生动而清晰，让观看者很容易代入拉姆的角色，以拉姆的处境来理解摩梭人家庭的架构。同样，在涉及摩梭人的爱情与婚姻关系时，我们看到的都是一个个具体而鲜活的案例，而不是被抽象化的人物关系和社会结构。在"摩梭的今与昔"这一部分，个案研究被贯彻得更为彻底，个人与社会结构之间的张力以多个当代摩梭青年的访谈案例呈现，这让我们得以在具体的人物中看到传统与现代之间微妙的拉扯关系。同时，这也让观看者明白，族群文化是一个动态的过程，文化模式（在展览中主要是摩梭的婚姻与家庭）的变与不变是生活实践的反映，而文化传统也只有在不同的社会互动中展开，才具有实际的活力。个案研究的意义便在于让他者能够更清晰地理解当下摩梭人的生活世界和历史性的社会脉络。博物馆里呈现的摩梭人生活方式，既不是一个文化孤岛的标本，也不是对某种丧失生命力的传统的重造。

少数民族文化主题的展览，除了人、物与场景的真实以外，社会真实也是一个很重要的面向。而社会真实只有在延绵的生活世界中才能被把握，也只有将人、物与场景的互动关系展现出来，才能一瞥文化表象所扎根的生活世界。在摩梭的家庭与婚姻这个展览中，策展人很好地表达了多层次的关系事实，即人与物的关系、人与人的关系、自我与他者的关系、当代与传统的关系。其表达方式，既有实物、实景的构造，也有仪式的影像记录、访谈录音、艺术作品等，还加入世界上诸种家庭婚姻模式以资比较。这些设计都反映出策展人希望公众能够体会人类文化的多元性与复杂性，也能够理解一种独特的生活样式在其生活世界中的合理性。

作为一个业余的观察者，摩梭展览给我留下了非常深刻的参与体验感，并且由于本人的学术背景而对展览所拣选的社会事实颇感兴趣，也想做进一步的追问。对于摩梭当代青年的选择，我们似乎并未在展览中看到群体内部的多样性，除了那些坚守走婚的摩梭人以外，其他人又是如何回应现代生活方式的渗入的？不同代际之间的互动关系是否有了新的变化？现代教育体制，新的生计方式，不同的婚姻家庭观念对于大多数人的影响何在？随着旅游业的发展与浮沉，资本的介入，人口流动性的增强，当代摩梭人与他们的生存环境之间的关系又是如何的？摩梭人与他者的对话中，又是怎样看待和理解他者，怎样去处理与他者的关系，他者在其生活世界中处于何种的位置？

这些问题很大程度上已经超出了展览主题所应涵盖的部分，但我仍希望最后提出一个一般性的问题：就博物馆的表达方式而言，一种整体主义（holism）的观照是否可能，或者在多大程度上是可能的？我们能否在一个人为构造而又远离生活世界的封闭空间中呈现一种"深描"式的文化形态，并对完整的生活体系做出清晰的交代和转译？这在具体的实践上又当如何操作？望与广大读者共同思考。

（图片由云南省博物馆提供）

对 话

从田野到展览

访谈者

涂 翔

访谈对象

邱 玮　"摩梭Moso：家庭·婚姻·对话"展览策展人

涂　翔：据了解，策展团队在泸沽湖的田野调查前前后后持续了四年，想请您谈一谈田野调查的相关情况。

邱　玮：展览的田野调查开始于2016年，因为工作原因，单次阶段性调查的时间在15天左右，一直持续到2020年5月，共四年。

我们的田野调查主要分为两个层面。第一个层面是云南省博物馆收藏了20世纪五六十年代征集的一批珍贵摩梭文物，但因缺乏文物背景资料，仅依靠有限的基本信息很难开展深入研究。所以在此次调查中，我们将上述文物资料带到泸沽湖，邀请当地的达巴（祭师）、老人、摩梭文化精英来解读这些文物，尤其是讲述文物背后的故事，以此建构物与文化之间的关联。第二个层面是我们以泸沽湖摩梭人博物馆所在社区为调查地点，对摩梭文化进行了深入的田野调查。

涂　翔：我自己的研究方向是人类学研究，近期在研究傣族时，会关注这个民族的家庭与婚姻。在研究中，我发现傣族虽然是父系氏族的社会结构，但是内部也有很多种婚姻的选择，家庭模式亦然。但在本次展览中，展示的摩梭人多为

图1 整理解读摩梭人
博物馆馆藏文物

坚持"走婚制"的群体，那其他人是什么情况呢？

邱　玮："走访婚"作为摩梭传统的婚姻形式，实际上只是摩梭三种婚姻形式中的一种，其他两种为"同居婚"和"一夫一妻制婚姻"。这三种婚姻形式长期并存，社会个体可根据自身情况来选择：例如，有的家庭缺少男性劳动力，待两人建立走婚关系后，男方会到女方家庭中生活；有的家庭缺少女性，女方会到男方家接续火塘，成为家里的女主人；有的家庭规模日益庞大，多达几十口人，为保证家庭的有效分工与和睦相处，会分家；有时男女两人会离开各自的大家庭，单独建立小家庭。

对于到外地工作生活的摩梭人来说，他们大多接受了一夫一妻的婚姻观念。而生活在泸沽湖的摩梭人，或多或少地保留着母系大家庭的观念。一些摩梭女孩在聊天中表达了对婚后和丈夫婆婆一起生活的排斥。整体来说，摩梭人的婚姻形式选择是多样的。

基于此，展览希望把摩梭真实的婚姻形式尽可能客观地展示出来。因为严格来讲，传统意义的走婚已经不复存在。今天的摩梭人必须领取结婚证，很多人也举办结婚仪式等。但这不等于母系家庭的观念消失了，这种观念在今天的部分区域、部分人群中依然保留。

涂　翔：摩梭展带给我最大的感受就是参与体验感强烈，但有别于其他设计动画、游戏的展览中的那种参与感。整个展览用第一人称视角，带领观众逐步深入了解、探索这个民族的历史、独特的婚姻形式及其当代变迁，从而激发观众对于自身生活方式的反思。

想请您简要谈谈作为展览的策展人，同时作为一名言说者，是如何看待和理解摩梭人的？以及您又是如何将自己的观察与构思融入展览叙事的呢？

邱　玮：首先想说明的是，策划展览与撰写民族志有差异。民族志文本对于所记录的文化对象有较为完整的表述，但从民族志文本转化为展览，需要做大量的提炼和删减，并且需要选择一个小的切入点和主题，唯有此，展览才会吸引人。

以第一人称视角讲述是我们策划展览的初衷，具体要回到田野调查讲起。我们常常坐在火塘边，以他者的身份听摩梭人娓娓讲述他们的文化、他们的故事，描述他们所生活的母系大家庭，他们从哪里来，以及他们眼中的世界等等，这种专注而安静的聆听和对话带给我们非常深刻的印象，成为我们希望在展览中传达给观众的第一感受。同时我们发现，因旅游业的繁荣，在泸沽湖生活的摩梭人每天都在和天南海北的游客对话，展示和表述他们的文化，对话于他们而言是一个无时无处不在发生的现象。我们希望建构一个类似的场域，让每天在泸沽湖畔发生的对话在展厅里发生。

调查所知，到泸沽湖的游客基本都是为了泸沽湖的风光和摩梭走婚而来，然而，他们来到泸沽湖后却发现这里非常现代化、商业化，摩梭人生活富裕，文明礼貌，完全不能满足他们对摩梭人和走婚的猎奇和想象。那么真实的摩梭文化到底是什么？

因此，我们希望展览能够把观众带回田野，带回泸沽湖，和我们一样沉浸在祖母房的火光中，与摩梭人面对面交谈，真切地感受摩梭文化的独特性和差异性。

所以我们在展览中通篇采用了第一人称叙事，包括文字的表述、手绘画的创作、视频的讲述、展板和说明牌的设计等等，以此营造语境的真实感。

涂　翔：当人们去理解其他文化的时候，我觉得需要营造一定的亲密性，让人更近距离地了解彼此。在亲密的近距离了解中，很多的误解分歧、猎奇疑问可能就被消解了。那么展览是否营造了这种亲密性呢？以及是否请过普通的摩梭人来看展览呢？

邱　玮：首先回答第一个问题。展览中的文字，特别是对家庭角色（祖母、舅爷、妈妈、舅舅、兄弟姐妹）的表述，我们直接运用了访谈资料。换句话说，这些表述都是摩梭人亲口说，我们记录整理提炼而成，又返回给摩梭人逐句看过，确认与他们的原意相符，才进入展览的。希望观众读到这些文字的时候，就如同摩梭人亲口对他说一样。

展览开展的时候，有很多摩梭人来参观，其中包括一些生活在昆明的摩梭学者、泸沽湖摩梭人博物馆的同人等等。他们看完展览后，表示很感动，认为这个展览说出了他们心里想说的话，展览展出的内容是真实而客观的，比专业性书籍的受众更加广泛，可以引导普罗大众真实地了解摩梭文化的面貌，摆脱之前对摩梭人的猎奇印象。

涂　翔：我自己也看了这个展览，感觉摩梭展与常规的展览相比有很大的差异，它没有固定的展览路线，尤其是最后的当代艺术部分，有很强的参与性，想请您谈谈为什么会引入当代艺术呢？

邱　玮：2016 年底，我赴纽约参加了一个关于视觉艺术策展人的研修，主要接触当代艺术。在驻留工作期间，我每天与来自世界不同国家的艺术家沟通，去了解他们的作品，看艺术机构如何策划展览。纽约之行帮助我深入了解了当代艺术领域，认识到当代艺术带来的视觉冲击力以及作品本身所包含的开放性和对话性，能够弥补传统器物展示的不足，由此让我更多地思考如何在博物馆展览中引入当代艺术作品，引导观众进行开放式的思考与讨论。因此，摩梭展除了运用人类学的视角，当代艺术的运用是另一个必不可少的要素。

摩梭展中，我们通过与昆明当代美术馆合作，组织了一批云南当地的女性艺术家，请她们以摩梭为主题进行创作，通过不同的媒介表达对摩梭文化的认知和解读。在展览中，我们主要把当代艺术作品放了展览的第五个部分"对话"，这样做希望观众在看完人类学视野下的摩梭文化后，可以在当代艺术作品所营造的开放性、可互动的氛围中，重新思考摩梭文化，以及思考由此话题所引出的更重要的尊重差异、包容多元、和而不同、各美其美的文化价值观。

展览的最后，我们设置了三面墙壁，一面墙壁展示了世界各国的家庭照片，这是一组海外征集的摄影作品，用以展示文化的多元；一面墙壁展示了以家庭为主题、面向公众征集而来的家庭照和故事；第三面墙留给了观众留言或分享照片。展览自始至终没有对摩梭文化做出评价，而是把分享和评说的权利留给观众。在展览开放期间，我们定期整理观众留言，发现有些内容表达实际上超出了我们策划展览的深度和预期。这些分享丰富了对话的含义，这是一场策展人、摩梭人与观众的对话。

涂　翔：展览实际上为我们展示了一个多维的、整体的社会关系。在人类学研究中，有一个人类学功能主义理论，该理论所提倡的整体观指的是社会作为一个整体，不能割裂来看，而且要注重部分之间的联系。那么，在博物馆这个人为构造且远离观察对象、研究对象生活环境的空间中，我认为展览在一定程度上呈现了人类学功能主义的整体观的关怀。想请您就此谈谈您在筹备展览过程中的一些经验或者反思。

邱　玮：在筹备展览时，我们首先梳理了过往的民族类展览，发现大部分民族类展览的展示方式趋于同质化，展览的观赏性不高。常规的展览叙事结构大多为该民族的衣食住行、婚丧节庆等；在展示方式上，则多把文物分类放入展柜，搭配客观描述性的文字展板或说明牌，这样的展览更关注知识传播。所以在摩梭展策划之初，我们希望尝试做一个不一样的、具有实验性质的民族类展览。

在具体的策划过程中，我们发现把民族志文本转化为展览语言是一个非常具体的过程，需要对民族志文本的逻辑进行解构再重组，无法完整地顾及民族志中每一个子项。所以我们另辟蹊径，选择摩梭最受社会争议也是最敏感的话题——"婚姻与家庭"作为展览的主题。借由此，我们想要直面社会热点问题，和当下社会产生对话。

比如说在"我们从哪里来"这个部分，我们把摩梭人的迁徙史、达巴信仰和祖先崇拜三个部分合并在一起解读、展示，来回答"我们从哪里来"这个问题。另外，对于摩梭的成年男性来说，最受尊崇的有三个身份：第一个是走马帮，因为走马帮可以给家庭带来财富；第二个是出家去学佛，学成后可以成为喇嘛祝福家庭；第三个是家里的舅舅，受家庭成员的尊重。其中马帮文化、藏传佛教信仰是摩梭人比较重要的文化要素，然而为服从家庭和婚姻这一展览主题，我们没有单独展示马帮文化、藏传佛教，而是借用这些文化要素来塑造和展示摩梭家庭中的舅舅角色。

展览的文物说明，我们也做了全新的尝试。在介绍摩梭家庭成员的部分，我们设置了五个展柜，分别对应祖母、舅爷、妈妈、舅舅、兄弟姐妹。以妈妈的展

图 3　"我和我的家人"世界各国家庭照

图 4　观众免费打印和分享的图片墙

柜为例，内部放置的都是妈妈等摩梭成年女性的劳动生产工具。在说明牌上，我们没有对单件文物进行解说，而是对于妈妈的身份及角色做进一步的补充，以此来弥补展板文字空间上的不足，在叙述上，说明牌也采用了第一人称叙事。

我们希望这个展览最终能够呈现的不是割裂的文化板块，而是一个完整的主题及主题背后关于人的故事。其实展览中每一件展品都承载了意义和使命，服务于整体叙事逻辑。但这么做，某种程度上对于单件文物本体的深层挖掘和解读会显得不足。我们也会在以后的展览中尝试去平衡两者之间的关系，兼顾整体展览叙事和文物本体的深层解读。

涂　翔：刚刚您提到摩梭人与马帮文化、藏传佛教的关系，我觉得这些关系在某种程度上说明摩梭人其实自始至终都跟外部世界有着密切的文化交流。但是当我们讨论摩梭人当代变迁的时候，常常会把传统和现代对立，强调现代社会，或者说是现代性单方面地导致了民族文化的变迁。但实际上，传统也在影响民族文化的走向。想请您谈一谈如何看待摩梭人生活中处处存在的传统与现代的关系，以及在田野调查中，有没有了解到摩梭人自己如何看待两者的关系？

邱　玮：传统与现代、文化变迁这样的话题，常常会让我在田野调查中产生一些困惑。

生活在泸沽湖周边的摩梭人，经过三十余年的旅游发展，过上了富裕的生活，其富裕程度超过了云南很多著名旅游地。游客来到泸沽湖看到的是一个文明有礼、经济发达、现代化的摩梭社会；为了增加旅游的观赏性，很多民俗被舞台化，传统文化逐渐消失。相比之下，生活在金沙江沿岸山地或是永宁坝子的摩梭人，因为交通相对不便，经济相对落后，限制了旅游业进入，而较多地保留了摩梭的传统文化，传统的母系家庭在这些地方依然可见。

对摩梭人来说，发展旅游业、带动地方经济、改善和提高生活水平是理想的选择。在过去的几十年中，传统文化流失的速度不断加快，而大多数人不会关注这个现象，很多摩梭年轻人不了解自己的文化，这是在少数民族旅游地常见的现

图5　柜内背景画展示了男子结束长途跋涉的马帮贸易，带着礼物回来探望伴侣和孩子。展柜中陈列的是跑马帮时代男子从各地带回送给初咪（妻子）的首饰物件。

　　阿妈是我们家庭生产的主力和家务的主持者，每天要照料所有家人的衣食住行，还要操持许多的家庭事务。虽然辛劳，但阿妈用爱聚合了我们全家老小，是家人心灵的依赖。我们摩梭孩子眼中的阿妈有着吃苦耐劳、坚忍不拔的性格，豁达、谦让、平和、开朗的气度，是我们生命的依托、生活的靠山。

　　在我们摩梭大家庭中，同一代的姐妹是她们所有儿女共同的母亲，母亲们不分彼此、不分亲疏地对待所有儿女。同样，母亲们年老后也受到所有晚辈不分亲疏的供养和尊重，即使有的阿妈没有生育过自己的子女，她们从晚辈那里得到的关爱也一点不会少。

图6　展柜说明牌中对妈妈角色的介绍，展览通篇采用第一人称的叙事语言。

象。基于我本人多年对生态博物馆的调查研究，我相信文化自觉存在一个时间点，随着生活的富足，会有越来越多的人逐渐觉醒，去回归和守护自己的文化。在泸沽湖，我们看到少数摩梭文化精英的觉醒，他们着手整理、研究、恢复自己的传统文化。云南省博物馆帮扶共建的摩梭人博物馆，就是二十多年前由两位年轻的摩梭人自筹自建的一个博物馆，多年来他们致力于摩梭文物的收藏、研究与摩梭文化展示，同时组织村民做一些传统文化方面的学习培训，在泸沽湖搭建了最早也是最重要的摩梭文化研究与展示平台。此外，由于泸沽湖地区生活富裕，旅游业创造了很多就业机会，大部分摩梭青年有条件外出接受高等教育，有的攻读硕博士，他们中一部分人选择了民族学、人类学作为自己的专业，投入到摩梭文化研究与保护中。

除摩梭人自己的文化觉醒之外，由于摩梭文化的独特性，泸沽湖一直都是学者研究的重要阵地。半个多世纪以来，中外学者对摩梭文化的研究硕果累累，为后辈人奠定了保护摩梭文化的坚实基础。

涂　翔：想请您简要谈一谈，人类学和博物馆两个方面的知识理论对于最后呈现的博物馆展览有哪些方面的影响呢？

邱　玮：从摩梭展本身来讲，它是一个基于人类学的视角和研究的展览。如展厅入口处以一组问题引出文化的误读现象，以及家庭和婚姻部分所采用的亲属关系叙事逻辑，文化变迁的展示，从跨文化比较视角来展示不同国家的家庭婚姻，这都是基于人类学视角和理论的展示思路。下一步我们会把展览前期的田野调查和观众调研的内容纳入展览配套的著作中，作为摩梭展所基于的人类学课题的成果。

而谈到展览与博物馆的关系，我希望摩梭展起到抛砖引玉的作用，为策划展览提供一个新的视角。因此我们十分关注展览的呈现效果及社会反馈，开展后的九个月里，采用访谈、问卷调查的形式，收集不同种类观众的反馈。无论是专业观众，还是普通观众，都对展览给予了极大的肯定。专业观众积极加入到摩梭文化及策展思路的探讨中，印证了这个展览的实验性和开放性。对普通观众的调查显示，展览层次比较丰富，可以满足各类观众的要求，一定程度上做到了雅俗共赏。

从摩梭展开始策划到展览对公众开放，我们看到了这个策展思路所具有的可能性：展览能够与当下社会连接，博物馆不再是一个封闭的场所，而成为一个对话场域。

涂　翔：相比专业介绍性书籍创造的二维空间，博物馆可以在三维的封闭空间中营造一个实景，让公众走进来去观看，去感受。以本展览为例，观众可以了解摩梭人的婚姻家庭和社会生活。希望您就此延伸谈一谈博物馆与大众文化的关系，以及博物馆这种呈现社会文化的方式，应该担负起怎样的功能和职责呢？

邱　玮：作为一名博物馆一线工作者，也作为一名博物馆展览的观者，我看到国内现阶段博物馆的展览仍以传统的主题和展示方式为主流，注重文物解读和知识传播。近年来实验性展览层出不穷，预示着博物馆开始探索新的展览视角和策展模式。对于每个关注博物馆展览的人来说，好展览的定义各有不同，标准也不绝对。对我来说，展览要与当下社会和人联系；让更多的人可以参与进来，以自己的经历和观点参与展览叙事；能够引发观众的共鸣、思考和探讨。此外，展览还要具备视觉艺术性，在传播知识和观点之外有艺术的美感和体验感。这是我现阶段的思考和总结。

回到摩梭展，整个展览叙事就是在讲故事，通过展品实物和三维空间的视觉呈现来讲述一群人（摩梭人）的故事。在此基础上，我们在故事中连接当下社会，关联普通人的生活日常，引导观者来探讨和思考展览所抛出的问题。希望能为不同文化和背景的人们创造有意义的体验，促进人们对不同文化之间相互尊重、包容多元、和谐共存的思考。此外，我们加入了很多观众可互动的展品，希望这是一个具有开放性、关联性和探讨性的展览。

（图片由云南省博物馆提供）

8

带着性别意识看历史

性别作为一种身份，在今天愈发值得被关注。这不仅源于我们需要破除当世的偏见，也是一种善意的提醒：我们在看待历史（也包括当代）的时候，总容易被我们所习惯的、更以自我为中心的倾向所裹挟，而不肯承认我们的目光其实一直都不够全面。

浙江省博物馆

『丽人行：中国古代女性图像云展览』

女以悦己者为容
亦以才情论英雄

展览形式
线上展览
https://lrx.zjmuex.com/#/

————

展览时间
常设展览

————

展览结构

图1 "丽人行：中国古代女性图像云展览" 首页

展览缘起

2020年新春，受新冠疫情的影响，博物馆线下展览受阻，浙江省博物馆应时而变，试图以数字化为手段、以互联网为媒介，通过线上展览的方式向观众提供全新的学习和分享体验。同时，博物馆对女性问题的关注由来已久，女性图像在不同历史时期也常见，由此，举办"丽人行：中国古代女性图像云展览"的想法便油然而生。

◆ **策展人说**

解释展览缘起、前期准备以及致谢。

◆ **第一单元：态浓意远**

本单元以时间为线索，展现了从战国至明清时期的代表性女性题材作品，并点明了各时期创作的风格特点，为下列单元作铺垫。

◆ **第二单元：绣罗翠微**

本单元的开篇提到美丽是古代女性不懈的追求，加上"为悦己者容"思维的影响，整装修容、追求外貌的姣好，成为古代女性生活中的重要环节。本单元下设"梳妆粉黛""簪珥璎珞"两个子单元，"梳妆粉黛"的介绍写道："千百年来，男人对女人的评价，以外表取向为主，'女为悦己者容'，成为女性追求美的主要动力。"展品如清代陈崇光的《柳下晓妆图轴》（南京博物院藏）、清代胡锡珪的《梳妆仕女图轴》（苏州博物馆藏）等都反映了这一主题。"簪珥璎珞"的介绍写道："女人佩戴首饰，是用来装饰和衬托美感的，从一个人佩戴的首饰，可以洞见其经济水平、审美意趣，以及文化素质和修养。"展品如清代康焘的《冯夫人像轴》（浙江省博物馆藏）、清代任薰的《设色仕女纨扇》（浙江省博物馆藏）等。

图 2　费以群《仕女扇面》

◆ **第三单元：云幕椒房**

本单元开篇提出古代社会对两性的基本规范是"男主外女主内"，女性"正位于内"，下设"丽居静好""名山胜水"两个子单元。"丽居静好"的介绍写道："中国传统民居建筑可谓是中国传统文化的缩影，在传统文化影响下，社会生活中女性空间的存在方式和意义，标示出一种道德秩序和等级关系。"展品如清代费以群的《仕女扇面》（浙江省博物馆藏），画中绿茵铺地，尽显幽深玲珑，一仕女侧身坐于案前，将双臂搭在椅背上，正饶有兴致地观看一旁的丫鬟与鹦鹉逗趣。"名山胜水"的介绍写道："名山大川、名胜古迹，以男权为主的中国传统社会文化下，男女权利的不平等，往往通过活动空间进一步折射。"展品如清代顾洛的《芭蕉仕女屏》（浙江省博物馆藏），图绘芭蕉树旁，一女子手缠绕树干，脚踩椅凳，欲将满树的花朵取之。

◆ 第四单元：逝水流年

本单元开篇点明中国古代女性是有"人设"的：一是身体不能超越家居范围，二是行为不能超越家务范畴，三是意识不能超越家庭范式。下设的三个子单元"琴棋诗画""相夫教子""素手女红"形象地回应了这一"人设"。"琴棋诗画"想要展现女性审美主潮从偏重日常实用和道德教化的"德言容功"，逐渐过渡到以"琴棋书画"为代表的对生活品位和艺术气质的追求的过程。展品如清代严湛的《赏音图轴》（浙江省博物馆藏），上面描绘的是一女子正俯首弹琴，主人夫妇端坐赏音，仆人侍于侧的场景。"相夫教子"直接点出封建社会对妇女的一种持家要求。展品如清代汤禄名的《仕女合景图轴（之一）》（浙江省博物馆藏），上绘母亲坐在地上怀抱着红衣孩童，孩童手伸进母亲衣襟中，母亲正耐心教导，不远处稍长的两孩童正嬉笑打闹。"素手女红"展现了中国古代小农经济图景。展品如清代的《纺织仕女图卷》（无款，南京博物院藏），图中为仕女分工纺织场景，她们分工明确，配合默契。

◆ 第五单元：闺阁芳菲

本单元表现的是女性在家庭之中通过"母教"而间接呈现的力量之强大与持久，更容易成为章学诚所说之"公器"，下设"才媛闺秀""才情风雅""才思隽秀"三个子单元。"才媛闺秀"讲述的是在以男权为纲的社会里，女性在文学艺术上的影响力是非常有限的，但当女性以群体的面貌出现在艺坛上的时候，创作之风的兴盛便颇受注目，着重介绍了邢慈静（16—17世纪中）、方维仪（1585—1668年）、文俶（1595—1634年）等才女的生平和作品。"才情风雅"讲述了青楼女子中不乏多情、侠义、温柔缱绻、充满灵性之辈，在书画艺坛亦留下了流光溢彩的一笔，其中介绍了"秦淮八艳"之一的马守真（小字玄儿）、

图3 汤禄名《仕女合景图轴（之一）》

金陵名妓薛素素、秦淮歌姬吴娟娟等人的生平及作品。"才思隽秀"讲述的是女
性书画艺术家从女性小我迈向社会大我，她们的创作在艺坛中形成了独特的风
貌，同时被男性赞美。展品介绍了著名画家、"明四家"之一的仇英之女仇珠，
明末清初画家李因（1616—1685年后），明末清初书画家、女词人、诗人、"蕉
园五子"之一的徐灿（约1618—1698年）等人的生平及作品。

◆ 结语

　　展览的结尾解释了"在谈论古代女性图像的时候，我们在谈什么"这一问题。
第一，承认男女的生理能力不同，而这种不同在现代社会"机器换人"的条件下越来越不重要；第二，在道德层面，只有人与人的差别，没有男性与女性的差别；第三，女性要争取更多接受教育的机会，才能走得更远、更自由。

── 展览亮点 ──────────────────

展览为疫情背景下的线上展览，是将数字化技术运用到博物馆展览中的一次重要尝试。展览的选题从古代女性出发，展示不同于现代背景下的性别差异，选题本身便拉近了古人与现实的距离，引人思考。并且，展览在框架和文本上更具批判性，通过一系列的作品反映出古代性别、阶级的压制与束缚。

(图片采自浙江省博物馆官网)

观 看

批判性与复杂性的平衡

展评人

郭洋梦莎 伦敦大学学院公共考古学硕士，现就职于故宫博物院研究室

在当今的社交媒体上，公众对女性议题讨论的能见度越来越高。与此同时，在看似以传统文物为重的博物馆领域内，与性别问题相关的展览也在近年来逐渐增多：2018 年杭州工艺美术博物馆"女神的装备"以博物馆跨界现代艺术的方式对女性身上的种种标签提出质疑；2020 年云南省博物馆以"摩梭 Moso：家庭·婚姻·对话"直面父系社会对摩梭人的种种误读，向观众展示婚姻、家庭形式的多种可能性；2021 年成都博物馆的"玉汝于成——潘玉良的艺术人生"则着眼于近代女性的自我觉醒与自我实现，而均由女性组成的策展团队也使该展览从"台前"到"幕后"都更具反思意味。

从上述实例来看，由于社会学、人类学领域的丰硕成果和深厚传统，在把当代女性议题与非父系社会作为展示对象时，展览与女性主义叙事有较高的契合度。近代的民族独立、阶级斗争与性别平等运动的共振，也使得该时段内的诸多藏品适宜女性主义的策展思路。尤其在上述例子中，潘玉良的创作本身便有意地指认了性别意识。而相比之下，古代文物距离当代社会较前二者则显得遥远得多，

且女性往往处在正史书写的边缘。因此，在关于性别问题的讨论兴盛于公共空间之前，尽管女性题材的文物展览早已有之，但它们基本仍处于普及知识、艺术欣赏层面，"性别"在此似乎只是展品的"题材类型"，而非"诠释角度"。

对于古代文物展而言，将社会性别作为诠释角度时应当注意把握批判性与复杂性的平衡。在满足当今社会文化对女性困境指认与对压迫者批判需求的同时，还应注意，早自 20 世纪 90 年代起，中国妇女史研究就已跳出了单纯的"男女不平等"框架，而更偏重于发掘、再现妇女在特定历史时代和历史空间中的生活经历及社会角色。因此，在满足大众对于性别议题"批判性"的需求时，拉近文物与当代人的距离与引导观众深入思考，以及认识到问题背后的复杂性，是博物馆以文物呈现性别议题时需要平衡的难点。在此前的女性题材文物展览中，往往忽略前者，而对后者亦缺少阐释深度。因此，浙江省博物馆的"丽人行"线上展览，可谓近年来以文物呈现性别议题"批判性"的突破性展览。

除"策展人说"及"结语"部分外，"丽人行"线上展览共有五个单元。除第一、第五单元操作界面有所差异之外，其余三个单元的一、二级操作界面都十分类似，视觉上仅在配色、图标上有所差异。

第一单元以历史时间为线索，以期对不同时期文物图像中女性的特点作总括性梳理，为后续相关单元作铺垫。从第二单元开始，颇具反思性的主题思想逐渐铺陈开来。第二单元不仅意在展现不同时代女性的妆容、首饰、衣着，还在单元词中开宗明义地点出了古代女性绘画中的"男性凝视"：在令人沉醉的梳妆粉黛、簪珥璎珞背后是"女为悦己者容"与"照镜自省"的规训。例如上海博物馆藏仇英《临宋人画（之三）》被设置在"梳妆粉黛"子单元，除了体现闺阁女性梳妆打扮的美好姿态，其中的"镜子"意象更加切中单元的主要意图，希望观者能通过解读"镜子"，看到古代社会对女性的规训，反思古代女性梳妆背后的教化意义。

第三单元着眼于"空间"的角度，以"丽居静好"与"名山胜水"两个子单元分别展示古代女性的居室生活与室外活动，试图阐释不同空间所反映的道德秩

图1 仇英《临宋人画（之三）》

序、等级与权力关系。值得注意的是，这一单元引入了"女性空间"的艺术史分析角度，此概念原本意在把被孤立和抽离的女性形象还原到其所属的图画、建筑和社会环境中，加以更为全面的解读。这一抽象的还原与解读过程，势必需要更多形式丰富的引导、对重点作品的详细解读。但"丽人行"缺乏上述更为细致的建构，相关主题仅以文本形式在单元词中有所涉及，对于具体作品的阐释也无外

晚桐姚門方氏伴儀篡沐寫

時年七十有六

图2 方维仪《白描罗汉图轴》

　　方维仪，名仲贤，明末清初安徽桐城才女，大理卿方大镇之女。早年守寡，潜心教养侄儿方以智。终生潜心钻研佛法及诗文绘画，善绘白描大士像。其亡夫姚孙棨，故绘画中常自称"皖桐姚门"。

乎"闺闲雅趣"等外在描述。

第四单元则聚焦于琴棋诗画、相夫教子、素手女红等更具体的古代女性活动内容,试图进一步揭示在浪漫、诗意的古代绘画背后,是女性在娱乐、身份认知、空间关系上主体性的缺失。单元词提示观众,女子作琴棋书画,除了解闷,取悦男性也是重要目的;从相夫教子题材的绘画看出,古代女性比起成为自己,成为"谁的妻子"与"谁的母亲"更为重要;而在山水画中,尽管女性能够游山玩水,但她们并非山水的主人,而只是供男性观看的"美景"之一。

第五单元"闺阁芳菲",用心搜集了漫长历史与浩繁画卷中的女性作家及其画作。在作品选择中力图突破对"精英阶层"的偏好,作品作者从名媛闺秀、职业画家到青楼女子,均在展览中一一呈现,突显了即使在儒家体系内,女性自我满足和生存状态富有意义的可能。这种生活状态的出现与大众知识体系中古代女性脸谱化的受害者形象已然形成了极大的反差,足以激起人们的好奇。而这样的好奇也正是向观众引入性别议题复杂性的绝佳突破口,但展览似乎并未抓住这一机遇。事实上,本单元并不乏极具代表性、值得深耕的人物,例如以方维仪为代表的诸多明末清初节妇才女,她们作为以"妇道无文"为标志的儒家传统的捍卫者,让我们好奇守节与彰显才华之间是如何达到一种微妙的平衡,使得她们的作品得以被世人传承、颂扬的?以黄媛介[1]为代表的女性职业艺术家,能够成功突破"好女不越闺阁"的束缚,践行巡游生活的原因是什么?她如何能够自如地融通于男与女和公与私的领域之间?她社会定位的流动性又反映了哪些特殊现象?这些个体反映出的诸多问题,都是展览在呼应公共意见之余,应当引导并加深公众思考的关键所在。

除展览主体之外,"丽人行"还为观众提供了从妇女史到当代女性主义的1000 余项学术研究成果及 100 余个国内外女性主题展的超链接,足见其扎实的学

---

[1] 黄媛介(17 世纪),字皆令,秀水(今浙江嘉兴)人,侨寓钱塘(今杭州)。嘉兴杨元勋(世功)妻,生卒年不详。髫龄即娴翰墨,好吟咏,工古文诗词,书法学二王,清丽雅秀。善山水,师法元代吴镇,画山水小景得元人笔意。诗学杜甫,清洒高洁。乙酉(1645 年)明亡家破,流离跋涉于吴越间,侨居杭州西湖断桥边,赁一小阁以卖诗画自给。性情温柔敦厚,长斋事佛,有贤行,京室闺彦多师事之。著有《离魂词》《湖上草》。

术基础与其中暗含的批判意图。然而，庞大的内容体量似乎也制约了展览在阐释深度上的发挥。首先，集 32 家博物馆 1000 余件原作的数据信息，在展示逻辑上基本仍以数据库的方式分类后平铺展开，缺乏对于重点展品的深度剖析。例如，第三单元的两个子单元内就汇聚了 170 张绘画作品，在力求资源丰富的组织形式下，对于构建单元词提及的"女性空间"这种抽象概念而言，缺少了对重点展品的突出和循序渐进的引入与阐释，因而更为深刻的主题表达便略显力不从心。其次，也囿于上述原因，展览的反思性阐释主要以文本方式表达，操作性与互动性却略显不足。除业内人士以外，用户点开线上展览时大多抱着快速、碎片化获取信息的心理预设，而大量的文字阅读、较慢的图片加载时间、多层级的人机界面、较为重复的链接动作则不断影响观众在获取展览信息时的耐性与有效性。

与此前同题材的展览相比，"丽人行"在展览内容框架及文本表达方面，显示出了更多的批判性，可谓展览立意方面最大的突破：在展示梳妆打扮时不忘提醒"男性凝视"；展示生活空间时不忘示意性别、阶层间的权力关系；展示休闲生活时不忘指出古代女性主体性的缺失；展示女性作家作品时则暗示了女性在古代历史书写中的缺位，同时对勇于突破古代性别角色桎梏的女性不吝赞美。在女性意识日渐崛起的今天，回望封建社会的性别问题以警示今人好像是大众文化所需，这无疑极大地拉近了观众与古代文物的距离，也是造就"丽人行""爆款"现象的原因之一。

然而，"丽人行"的突破点亦是其最大的限制。公共文化服务机构除了呼应社会文化对于"批判性"的需求，还应当起到更好的引导作用——提升公众对于性别议题复杂性的认识，无疑更是当下亟须的，而"丽人行"在呈现这一复杂性上却显得力不从心。复杂性的呈现首先体现在破除脸谱化的旧中国受害女性形象，并尽量忠实地还原特定历史语境下妇女的生活经历与社会角色。例如，所有古代女性的社会身份都是通过"三从"，即"从父、从夫、从子"决定的，而士大夫之妻女也因上述权力结构成了社会精英集团的一分子。在看到女性受制于父权结构的同时，我们还应当从她们的书画成就中注意到，也正是在这样的结构中，"精英妇女们"充分利用了自身的社会阶级优势，并使其成了突破儒教文化限制的有力武器，让她们能够以相对灵活的姿态追求自己想要的人生。因此除了性别以外，阶级也应成为妇女史展览的呈现维度。除此之外，在封建与集权日益加深的明清之际，却在江南涌现出诸多的女子社团，社团内不少成员都是节妇。虽然"节妇无知"或"女子无才便是德"的观念已牢固树立，但这些社团女性的道德却从未被质疑过，在方志、族谱和文集中，她们是其家族和家乡的骄傲。那么在古代社会，所谓"妇德"与女性教育是如何共存的？女性彰显声名与"良家身份"又是如何共处的？明清之际不少上流主妇与名妓、歌女间的姐妹情谊，也不禁让我们想探究才女之间的交际网络是如何构成的？种种这些，都可以成为展览日后引导观众进行思考、探究更为复杂的古代社会性别面貌的多种角度。除了对笼统的父权制结构进行批判之外，将处于历史边缘的妇女们尽量生动地还原回她们的时代，让观众更好地把握性别关系的互动，掌握一种更真实、更复杂的知识，才应当是以文物诠释女性历史的展览的使命。

参考文献：

1. ［美］巫泓：《中国绘画中的"女性空间"》，北京：生活·读书·新知三联书店，2019 年。
2. 姚平主编《当代西方汉学研究集萃·妇女史卷》，上海古籍出版社，2012 年。
3. ［美］高彦颐：《闺塾师：明末清初江南的才女文化》，南京：江苏人民出版社，2004 年。

(图片采自浙江省博物馆官网)

对　话

以女性为视角

访谈者

郭洋梦莎

访谈对象

蔡　琴　浙江省博物馆副馆长

郭洋梦莎：蔡馆长您好！作为"丽人行"展览的策展人，我想还是先请您介绍一下这场展览的策展动机吧。

蔡　琴：从我个人的角度，这个展览的准备时间其实可以追溯到比较久之前了。2002年底，上海博物馆举办过一次"晋唐宋元书画"大展，在这场展览中我看到了一幅《簪花仕女图》，很受触动。因为我在博物馆工作，后来不断有机会看到各类的女性图像，这些机会都进一步激发了我对这类主题的兴趣。与此同时，我也开始反思，这些图像难道仅仅是图像吗？这些女性的裙子仅仅只是裙子吗？这背后应该还有很多的信息没有被发掘出来。在有了这样的兴趣之后，我开始进一步收集相关的材料。

到了2005年左右，因为我自己也是一个散文作者，当时写了一篇文章《美女史》，内容还是相对简单的，主要是把我这些年看到的女性图像按照时代顺序进行了罗列，并发表了一些感慨。这样的写作引起了大家的关注，更进一步激发了我从学术研究的角度继续收集资料。我当时的关注点集中在女性整体的形象上，关注这种形象的历代变迁。同时，我也开始关注例如女性的穿着、妆容、打扮等等外在的表征，以及她们的生活空间等一系列话题。以空间为例，古代的女性会跟着丈夫、父亲、兄长去外地，或者去游山玩水，如此一来就形成了一种大的空间；此外，还有她们的内庭，这相当于是一种小的空间。这种小空间同时也涉及一系列的关联话题。例如，中国古诗词中诸如"重重卷帘"这样的描述便是对这样的空间的一种写照。而这种描述会让人思考，这或许不仅仅是一种物质的屏障，它也预示着女性所面临的精神屏障和心理屏障是更多的，这个空间的存在代表了女性只能做什么、不能做什么等等。在这个搜集资料的过程中，我也不断接触到诸如高居翰先生等艺术史家的研究，他们考虑的问题包括画都挂在哪里、画的作者和主人公究竟是谁等等。这些话题对我都很有启发。只不过，我本人其实不是艺术史的专家或者书画的研究者，所以我更看重的还是这些图像背后与社会文化的关联度。

到了 2016 年前后，青岛博物馆也做了一场女性图像的展览。因为我经常在跟各位馆长们交流我关于女性图像的想法，青岛博物馆方面就邀请我给他们做了一个讲座。在这之后，又有一系列博物馆陆续邀请我去讲相关的话题，包括苏州博物馆、天津博物馆、宁波博物馆、浙江美术馆等。这些讲座的讲稿其实就成了我后来展览文本的框架。到了 2020 年正式形成了大家今天所看到的"丽人行"展览。

郭洋梦莎：那么，您觉得在这场展览所选取的几个单元之间，它们的相互逻辑是怎样的呢？这几个单元与咱们当今性别议题之间的关联主要有哪些呢？

蔡　琴：这场展览各个单元的内在逻辑基本上是从女性形象本身出发，再延伸到空间、身份等问题。尤其是当谈论到身份的问题时，其实我们现在能够看到的艺术品大部分是反映贵族女性生活的，普通老百姓的生活很少有，即使有，很多时候也是属于象征性、审美性的东西。中国历史上早期的图像很多时候是有宗教或者信仰含义的，如《辛追夫人图》等；再到魏晋时期的时候，很多图像是用

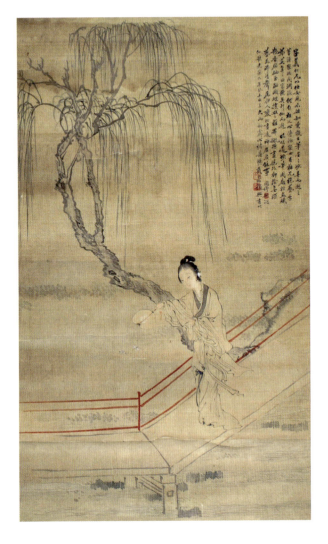

图1　费以群《仕女扑蝶图轴》

画面描绘在一棵郁郁葱葱的柳树下，一少女正欲追赶蝴蝶。少女柳眉细眼，樱桃小嘴，身体纤细，是清代仕女的典型形象。她右手执扇，向前追扑一双翩翩起舞的蝴蝶，左手撩起宽大的衣袖，保证动作灵活。虽然石桥曲折，衣长袖宽，但丝毫没有影响她的兴致，全心沉浸在扑蝶的乐趣中。整幅画设色清新淡雅，流畅的衣纹线条展现出女子身姿的婀娜柔美，微微飘扬的衣裙表现出她追赶的轻盈动态，向左倾斜的高髻也使她多了一份活泼灵动。扑蝶是古代女子在有限的室外空间发展出来的休闲娱乐活动，为循规蹈矩的闺阁生活增添了乐趣。

于教导女性修女德的；基本要等到明清时期以后，真正意义上的"美人图"才开始出现。这背后所隐含的性别问题，其实从古至今都是一个终极性的命题，每个朝代都会面对类似的困境。当我们讨论古代社会的时候，不要为了回到古代而思古，古代社会也并不美好，更重要的还是看到它与当下社会的联系。我们今天关于"平权"的讨论很多，但实际上关于追求女性权利这个问题从古至今都一直存在。从我们今天的生活方式上看，体力上已经不太存在男女差别的问题了。但是，关于身份，我们还是会反思，我们是否真正地做到了平等呢？我觉得真正的平等应该来源于价值观的平等和选择的平等，当代社会在此类问题上还有很多可以进一步努力的空间。所以，我自己也是希望通过做这个展览，通过看历代女性图像，来不断思考当代身份认知的焦虑。关于这场展览的自我定位，我认为这是文化传播性的一种策展，我们主要是提出了一些问题，在展览里不一定做出了进一步的深化。但是，从书画展览的角度，博物馆界以往的此类展览观众看得最多的就是笔墨技法，这跟观众本人是没有关系的。我们做的这次尝试就是希望可以牵动看展览的人的思考神经。

郭洋梦莎：在有了这样的线上展之后，咱们这个展览以后会不会继续改版升级或者成为一个实体展览呢？

蔡　琴：我想先说一下为什么我们这场展览会做成数字化展览。2020 年全球都遭遇了疫情，博物馆在这样的背景下都在思考自己应该做什么。当时，浙江省全省大约上线了 200 余个数字展，部分弥补了大家不能出门看展览的遗憾。在这个时候我其实也会反思，如果有一天博物馆线下开放了，那么这些线上展还会有人看吗？现在很多线上展览的做法还是把线下的一个展览拍照、建模、上网，就结束了。这与观众在线下的观感是不一样的。其实观众在线下看展览的时候，一步一景，身体动，展品不动，而且是三维立体的，观众有一种空间感、临场感和实体文物的震撼感。但是手机屏幕让一切三维都被拉成了二维。所以我希望做一个等到博物馆线下开放了观众还会来看的线上展。我觉得这个才是"互联网＋"或者数字展的精神所在。既然我自己并不喜欢三维变二维的展览，那么，我就发现书画其实是适合做线上展的。线下做一场书画展览，就算有充足的经费，也几乎不可能在一个展厅里展 1000 张女性图像。这次"丽人行"展览我们同时让1200 多张女性图像上线，这反而能够给大家一种震撼。

2022 年我们确实也打算做"丽人行"的线下展览。在浙江省博物馆做的展览还是会以浙博自身的展品为主，如果大量地做馆际之间的借展，运费、保险费、文物保护都是要考虑的因素。所以，现在我们的预期是，2022年浙江省博物馆与安徽博物院、苏州博物馆、湖州博物馆、江西省博物馆等机构合作，每个博物馆以各自馆藏为主，在五个空间同时开放展览，展览内容、形式、宣传都是一体

图2 五馆联动跨地域同步开启女性题材展览（本书出版时展览已开幕）

图3 浙江省博物馆"丽人行：中国古代女性图像展"线下展览（2022年3月8日至5月8日）

的。如此一来，观众们也不需要跨省旅游了，想要看其他博物馆的内容也可以在线上观看。这甚至会有点像文物快闪的感觉。

郭洋梦莎：这样的做法让人很惊喜。我们一开始认为线上展的优势是突破了空间的限制，当它转成线下之后，我们还担心在这一点上会打折扣。但如此多地同时进行的模式，似乎可以弥补很多我们原本以为的遗憾。

蔡　琴：除了线下的这种升级以外，我们还做了一个课题。在做"丽人行"线上展览的时候，我们就发现对藏品的研究还是有待加强的。博物馆在不断接触互联网技术的同时，却一直缺乏内容的深耕。通过做"丽人行"展览，我们相当于搭建了一个很大的数据库。传统上我们对数据库的利用都是用作品的名字、时代等信息在数据库当中搜寻。随着"丽人行"展览的上线，我们也开放了一个论坛，很多观众通过论坛给我们提意见，包括一些做文创、做汉服、做电影服装的观众，他们说单纯地依靠年代和作者来搜索已经满足不了他们的需求了。所以我们开始探索能否搭建一个主题词和图像标注的后端平台，建立一个新型的、深层次信息的专题数据库。再者，现在这样的一个数据库相当于一本电子书，我们也在尝试探索基于几何模型的动态显示技术，将藏品进行一些三维化的处理。最后，我们也在推动视频、音频的上线，寻求交互功能方面的深化，把观众从观看变成主动参与，形成策展分享的一个交互平台。在2023年浙江省博物馆之江新馆开馆时，也会做一个实体的数字展，带给观众全新的体验。

我们做这样的工作，其实也是希望拓宽博物馆展览的连接面。如此一来，我们其实也是直接与各类文化产业相连接了。例如，现在做汉服的市场很大，但这些朋友们原先找不到博物馆藏品资源，或者说不能在专题网站上找到这些资源，我们希望我们的工作可以弥补这些遗憾，让博物馆慢慢走向一个真正的"互联网＋"。

（图1、2采自浙江省博物馆官网，图3由浙江省博物馆提供）

9

伤痛｜记忆存在着

由人来创造的历史不可能没有经历过伤痛。当面对那些黑色记忆的时候，博物馆可以成为一个最为冷静的空间，收藏那些不可忘记的历史证据。那么，博物馆如何展示这些伤痛呢？那些不愿再记起的人，和那些不应被忘记的人，都是这样的博物馆所不得不面对的对象。

5·12 汶川特大地震纪念馆

常设展览『山川永纪』

废墟、哭声与恐惧，
那一瞬惊动全国的震感，
你还记得吗？

展览地点
四川省北川羌族自治县 5·12 汶川特大地震纪念馆

展览时间
常设展览

展览结构
序厅
旷世巨灾 破坏惨重展区
万众一心 抗震救灾展区
科学重建 创造奇迹展区
发展振兴 时代丰碑展区
尾厅

尾厅
发展振兴 时代丰碑展区
科学重建 创造奇迹展区

序厅
旷世巨灾 破坏惨重展区
万众一心 抗震救灾展区

展厅平面图

5·12 汶川特大地震纪念馆是为了纪念 5·12 汶川特大地震而建，2020 年 12 月 21 日被评为国家一级博物馆。纪念馆整体包括"三遗址两馆一中心"，即北川老县城地震遗址、沙坝地震断层遗址、唐家山堰塞湖地震遗迹、主馆、副馆和防灾减灾宣传教育中心。主体建筑名为"裂缝"，寓意为"将灾难时刻闪电般定格在大地之间，留给后人永恒的记忆"。本文所述的展览位于主馆建筑之内。

—— 展览内容

◆ 序厅

遇难者群体的存在与数量是衡量灾难严重性的重要标尺，对遇难者境遇的理解是理解灾难的第一步。因此，在序厅当中，展览内容首先是围绕遇难者群体而展开的。序厅中陈列着断裂的巨石，石上标注着地震发生的时间，象征着定格了遇难者最后的时间与空间。观众需要从大石制造的空间裂缝中穿过，仿佛是从这里进入另一个时空。大石背后用屏幕与破碎地面搭建了一个纪念小厅，影像资料与真人等大，观众如同来到了现场，与影像中的人一起站在了废墟之上，亲身去感受那天崩地裂，山河倒转，无数生命正在逝去的一分一秒。

图1　5·12汶川特大地震纪念馆主体建筑的立体裂缝设计

图2　序厅陈列的断裂的巨石

◆ 旷世巨灾　破坏惨重展区

在这个展厅中，观众犹如置身于废墟，周围都是灾后场景的还原。震后灾区的航拍图与受灾者的照片排布在布满裂缝的墙上，损坏的汽车、堆叠的钟表排列在展厅中央。这些日用品的堆叠代指日常生活的毁损，一下子将宏大的废墟叙事拉近，使观众感受到了灾区人民那一刻的痛苦与绝望。从侧面看，这一堆物品构成了"人"字形的小山，最上方是一个仰面朝天的洋娃娃，寓意着生命渴望新生。展厅的最后是一张灰红两色的手与手相连的图片，一只是父亲的手，一只是失去生命的孩子的手，两只手紧紧相握，却间隔着生与死的距离，永远无法再聚。

◆ 万众一心　抗震救灾展区

这一展厅通过实物展示、实景还原、雕塑创作等方式，记录了灾区人民自救、部队救援等一系列事迹。这是一个属于全体中国人的回忆，在展厅构建的遍布裂缝的空间中，看着周围展示的废墟中穿越的救灾部队、向灾区运送物资与人力的车流、消防官兵衣物等实物与照片，观众得以一遍又一遍地印证与完善自己关于地震的记忆。至此，个人记忆与集体记忆相连，观众真正融入了历史本身。

一楼展厅的末尾是缅怀厅，蓝色灯光营造的环境显得平静又庄重，观众行走其中，因前面展览而震荡的内心再次恢复平静，只余对逝者的敬意、对救灾与重建一线人员的敬佩以及对灾后重建家园的希望，慢慢缅怀，将这一场灾难凝存在记忆深处。

◆ 科学重建 创造奇迹展区

此单元在主馆二楼，位于展厅中央的是一座北川新县城总体规划建设沙盘，县城按照"安全、宜居、特色、繁荣、文明、和谐"标准规划设计，新县城名为"永昌镇"，寓意永远繁荣昌盛。灾难过后，党和人民一起努力，重新建造美好家园。展厅周围陈列着重建照片，承载的是灾区人民的希望，也是整个中华民族不抛弃、不放弃的坚定信念。

◆ 发展振兴 时代丰碑展区

汶川地震灾区以伟大的抗震救灾精神为指引，牢记初心和使命，战斗在发展振兴的一线。展厅重现了5·12汶川特大地震纪念馆每年举行的重温入党誓词行动、平武党员志愿服务等场景，一批关系长远的基础设施重大项目，如中国最美高速公路之一的雅西高速，相继开工建设。在新发展理念指引下，汶川灾后恢复重建与发展振兴不断打开新局面，实现城乡面貌历史性改变。

◆ 尾厅

尾厅是一个主题写意厅，主题为"放飞希望"。伫立在中间的是一颗巨大的生命之树，环绕生命之树的是大型环幕主题油画，油画展示了沿着龙门山地震带走向的汶川、北川、青川、映秀镇、汉旺镇——"三川两镇"震后重生的美丽缩影。中间的数字博物馆可以查阅所有灾区在当年地震后的破坏状况，如今灾区美好的一切都离不开全国各族人民的帮助和支持。

— 展览亮点 —

　　展览建筑以地震空间构造的形态呈现，直观地突出了展陈主题，使观众极具代入感。设计师通过将地面切割、抬起，形成主要的建筑体量，从外部结构来看，下沉的广场和步道向外延伸，使建筑大部分与平缓的草坡融为一体，局部翘起露出地面，象征着新生和希望；从内部结构来看，因纪念馆本身如在大地的裂缝之中，使得观众在不同建筑间行走时，会感受到高墙与窄道带来的压迫感与窒息感，间接模拟了地震给人带来的直接生理感受。

　　展览叙事性强。从受灾群像的展开，到重塑地震记忆、沉浸于受灾者所见的画面当中，再到回顾自己的地震记忆，通过运用"裂缝"这一意象，完成了物质与精神上的穿梭与交错。在物质方面，纪念馆的造型构建出了"裂缝"的形态，供观众穿行；在精神方面，"裂缝"更是象征着一种可往返于过去与现在、幻境与真实的介质，追忆逝者，慰藉后人。

　　对于灾难，铭记还是忘记？这个问题或许没有标准答案，但人们常说要铭记灾难中的温情，忘记灾难带来的痛苦。然而对于博物馆来说，兼顾两者难度较大。因为展览无法避开伤痛，因为展览需要如实记述历史。汶川特大地震纪念馆展览叙事手法的出现，为业界提供了一个展示灾难的新视角、新理念：展览不再关注铭记与遗忘，而是聚焦于"回忆"——通过展览勾起观者的相关记忆并对其加以补充，以此重构一段社会记忆。纪念馆借助灾难发生的场域，以与灾难相关的视觉元素营造出了一个回忆空间，对观者的回忆进行补充。于是，观者与展览一起，完成了对灾难的一次完整回溯。

（图片由5·12汶川特大地震纪念馆提供）

观 看

观者的废墟

展评人

疏沛原 香港中文大学艺术系博士研究生

2008 年的 5·12 汶川特大地震，是当代中国最震撼的集体记忆之一。那一天，北京奥运会开幕倒计时 88 天，大半个中国都感受到了大地传来的震动。从数据来看，这是 1949 年以来破坏性最强、灾害损失最重的一次地震，造成了 69227 人遇难、17923 人失踪、374643 人不同程度受伤。而比数字更为震撼的，是这一事件对中国人群体记忆与精神的塑造：天安门广场第一次为普通民众降半旗，所有网站主色调变成灰色与黑色；在谈起地震时，每一个中国人都有话可说；在此后的岁月里，每一次遇到重大灾难，与汶川有关的回忆总被反复提起，比如第一时间奔赴震中的人民子弟兵与"万众一心，众志成城"的口号。

位于大地震震中北川县的 5·12 汶川特大地震纪念馆，是汶川大地震的主要纪念形式之一。基于前述汶川大地震的特殊性与重要性，与一般博物馆展陈设计相比，这一纪念馆面临着不同的要求与问题：首先，由于纪念馆位于地震灾区，在地居民均为地震亲历者，展陈设计必须考虑纪念馆可能对受灾群体产生的负面影响；其次，纪念馆将作为与灾难相关的"黑色旅游"的一部分，因此展览需要考虑如何代入并融合其他群体的情感；最后也最重要的是，面对一场来自自然的灾难，展览应当如何描述它，并构建与之相关的社会记忆？

◆ 裂缝与废墟：灾难的物象

灾难一般被定义为"自然的或人为的严重损害带来对生命的重大伤害"，其重点在于"对生命的重大伤害"。当自然灾害对人类产生了巨大伤害，灾害才得以转变为灾难。因此，自然灾害是展陈不可缺少的物质背景。

汶川地震纪念馆的选址，决定了其必然与周围的环境产生极强的视觉性互动。纪念馆并非孤立，而是地震景观的重要组成部分。对于参观者来说，从踏入北川的那一刻起，视线所及的所有都与地震密切相关。由于震后北川大部分已经搬迁重建，纪念馆的建筑设计承担了给予参观者视觉冲击的功能。从参观者首先看见的外部建筑开始，纪念馆以"裂缝"与"废墟"两个物象贯穿始终，为参观者营造了经历旷世灾难的氛围。

在这一展览中，裂缝是一个位于展览的"前景"、具有连接与提示作用的物象。裂缝往往在震后建筑上广泛出现，代表着受灾的建筑形态。裂缝以不同的尺寸、形式出现在了展览的各种位置，如纪念馆外部建筑的立体裂缝设计、展览内部隔断墙的裂缝形状、喷绘照片中的裂缝形象，通过刺激参观者的视觉不断向其强调这场灾难的严重性。同时，裂缝的蔓延也代表着时空的穿梭与情感的交错。纪念馆建筑本身是整个展览中最大的"裂缝"，在县城中提示着数年前的灾难；位于展览开头的裂缝，代表着时间的回流；位于展览之中的裂缝，连接着灾难当中的很多小故事；最后追思厅的裂缝更趋于抽象与规整，带来裂缝的灾难之后，这里终于归于平静。同时，裂缝的不规则蔓延对观众的心理与情感产生了不确定性与撕裂性的暗示，观众的心情能够随着裂缝的发展产生变化。

与裂缝同时存在的是废墟，一个位于幕后的物象。废墟代表"坍塌"，而坍塌意味着时间与空间的异常中断。走进纪念馆的裂缝的参观者，事实上是进入了由于地震而被封存的一段时间与空间当中。纪念馆中展出的一切都是在废墟中发生的，又在废墟中得到重现。参观者借由纪念馆营造的废墟，与受灾群众、救援官兵进入同一个时空，为体验救灾当时的气氛与情绪提供了基础。同时，纪念馆的庞大也暗喻了自然灾害的庞大与相比之下人的无力感。在成功的废墟背景塑造之后，纪念馆才能够更加顺利地展开对人物形象的描写。

◆ 遇难者、受灾群众与英雄：灾难中的人物形象

虽然纪念馆名为"特大地震纪念馆"，但其纪念的不是作为自然灾害的地震，而是灾难及与其产生互动的人群与社会。因此，对于人物的刻画是展览的重中之重。由于震灾涉及群体规模大、数量多，刻画社会关系的难度相对较高。为解决这一问题，展览将人物形象简要分为了遇难者、受灾群众与英雄三个部分，并用层层递进的方式对三个群体进行了刻画。

地震遇难者是首先出现在展览中的形象。如前所述，遇难者群体的存在与数量是衡量灾难严重性的重要标尺，对遇难者境遇的理解是理解灾难的第一步。但是，基于基本伦理考量，展览中的视觉性内容不能直接表现遇难者的情况。因此，展览有意制造了一种关于遇难者的在场与缺席的暗喻。一方面，遇难者的形象没有出现在展览的任何一个部分；而另一方面，展览用诸多物象暗示了遇难者的处境。在展示震区照片时，幸存者的恐慌与遍地的废墟共同暗示着遇难者群体的庞大。在展示震时实物时，碎裂的家用物品代表着日常生活的崩塌，同时也以物品的碎裂暗示了物品主人的命运。

生命的逝去意味着灾难的严重性，而幸存者，也即抗震救灾的关键对象，既是灾难之下人类脆弱的表现，也是顽强生命力的体现。事实上，灾区人民的故事与生命力是展览的基本生命线。展览不仅以专门单元讲述了幸存者的自救互救，

请勿触摸

图 1　受损的普通家庭生活用品

图 2　受损交通工具

图 3　地震发生后东方汽轮机有限公司各级党组织迅速组织员工抗震救灾

也在救灾过程的描述中穿插了对幸存者故事的讲述。幸存群众提供的口述与实物、现场新闻工作者提供的实地照片与新闻报道等多重材料共同构建了受灾群众的不同震后经历，不同的故事又共同指向了受灾群众的顽强生命力，表现了人类面对重大自然灾害的勇敢与坚强。

在展览中，包括受灾救援部队、医务人员等在内的救援人员是重点刻画的第三个群体。对救援人员的描绘，是一种英雄式的群像叙事。从物质性角度看，救援人员使用各种技术手段一一排除了各种困难，例如用现场使用的挖掘机表现掘开被山体滑坡堵塞的公路，代表着人类对自然灾害的英雄式反抗。对于灾区群众来说，费尽千辛万苦运来救灾物资与医疗力量的救援人员是英雄式的存在。救援人员带来的不仅是物质上的援助，更是灾难面前人类守望相助的精神力量。

总结来说，这三个群体在展览中讲述了不同的故事，代表了不同层次的人类特征，共同构成了对震区群众与救援人员的整体叙事。人类在整个故事中既有脆弱的一面，也有坚强的一面；既有自身的智慧与勇敢，也有相互间的帮助与支持。通过描述三个群体的互动，灾难之下人与人之间的关系得到构建，关于灾难的真实历史得到完善，参观者能够得到最为直接的震撼。

◆ 受灾群体与民族共同体：交叠的历史叙事

抗震救灾行动是在民族共同体的大背景下开展的。受灾群体是民族共同体的一部分，而众多震区以外的人也通过新闻报道了解了震区发生的真实故事。通过新闻媒体的报道与宣传，汶川大地震已经成为属于整个民族共同体的记忆，因此，展览的叙事中不可缺少震区以外的其他人。作为震区"黑色旅游"的一部分，特大地震纪念馆必定面向众多来自震区以外的参观者。在讲述、呈现历史事实之外，纪念馆还需要考虑如何引起参观者的进一步情感共鸣。

首先，展览的叙事是从一个旁观但是利益相关的角度，即一般中国参观者的

图4　万众一心 抗震救灾展区

角度展开的。一方面，展览提及了诸多震区故事，但并没有在一些细节上过多着墨，表明展览事实上预设大部分参观者虽然可能对地震全貌不够了解，但具有关于汶川大地震的基本知识。另一方面，展览大量组织使用了当时的媒体材料，如报纸的图片来替代更直接的文字性说明。进入震区进行报道的新闻工作者是抗震救灾的重要见证者，而通过媒体材料了解震区情况的也主要是震区以外的人。通过旁观者视角的展览设计，震区以外的人与前述地震中的三类群体共存于同一展览空间当中，形成了两个群体的交叉叙事。

　　其次，通过一些物象唤起参观者对地震的记忆，是展览在这一方面所做的视觉性努力。对废墟的构造是一种构建记忆的方式。对于来自震区以外地区的观众来说，此前展区的空间沉浸使他们回到当时的画面当中，而在走过紧随其后的"万众一心 抗震救灾"单元时，观众是在回顾自己的地震记忆。汶川大地震是属于全体中国人的回忆，坍塌的房屋、带有裂痕的山石出现在图片与展柜旁，再次构建了一个遍布裂缝的空间。展厅中使用了实物展示、实景还原、雕塑创作等方式，记录了灾区人民自救、部队救援等一系列事迹。在废墟中穿越的救灾部队，向灾

区运送物资与人力的车流，本就是地震的标志符号。表现这些主题的图片、实物与事迹大多曾在当时的新闻媒体上反复出现，观众可以从中印证与完善自己的记忆。在这里，借由个人记忆与集体记忆的连接，观众真正融入了历史本身。

◆ 灾难纪念馆的思考：为谁保留什么样的灾难回忆?

重大自然灾害所造成的灾难是一种相对特殊的灾难。在漫长的人类历史上，这种灾难一直在发生并不断改变人类社会的发展进程。每当这种灾难发生，人们其实很难对自然与人类中任何一方进行批判。因此，这类纪念馆中没有愤怒，只有对人类的关系与情感建构的反复强调。

汶川特大地震纪念馆代表了一种中国灾害类博物馆的典型形式。首先，建立纪念馆选择的主题材料为伤害达到一定程度的自然灾害。其次，它以历史事件在场感的建立作为互动基础，重新构造灾害发生的时间和地点，如汶川纪念馆中反复强调的时间与废墟景观。最重要的是，它的主要职能在于对社会记忆的建立与完善。现代社会与灾害有着必然的关联，社会与大众往往拥有着对自然灾害的共同记忆。正因如此，纪念馆的主要作用方式并不在于介绍，而在于通过历史事件浸入感的建立唤醒社会记忆，通过观众的参与和共鸣完善社会记忆。在这样一个作用过程下，灾难性的内容在展览中被尽量淡化，强调更多的是由群体记忆建立起来的团结一心、众志成城的精神。

但是，灾难主题的隐含不代表博物馆放弃了灾难这一主题。灾难纪念馆作为一种永久或半永久性纪念场所，永远提示着灾难曾经发生的事实。换句话说，在地震的震中修建这样一座博物馆，事实上是将城市的伤口永久保留下来。其次，它作为灾难的社会回忆的一个重要实体性部分，应当承担作为纪念仪式场所的任务。观众们来到纪念馆中，回忆与地震相关的种种事项，缅怀地震死难者。最重要的是，它可以作为一种分隔现实生活与发生于现实生活中灾难的存在。从博物

图5 缅怀厅

馆作为一个公共场所和空间来说，博物馆为灾难、受灾者与其他人提供了回忆的空间，从而将其与现实生活区分开来。观众带着肃穆的心情走进纪念馆，而在离开的时候能够暂时地遗忘与灾难相关的负面信息。这对于地震灾区的重建与复兴本身是非常重要的。

通过展陈的设计，纪念馆同时回应了铭记灾难与告别伤痛两种需求。纪念馆展陈一定程度上可被理解为幻境——建造者和观众都清楚博物馆中展示的内容并不会在当地当时再次发生，观众只是希望暂时地、无损伤地体验灾难本身。通过展示表现的灾难事实上消解了灾难本身的危害性，因为真正经历灾难的人在这一"在场"中并不在场，因此真正的受灾者缺席了，而受灾的人物转移到了不实际受灾的观众身上。因此在这一空间内，纪念馆为观众提供了可以时空穿梭的裂缝，其中定格了死难者与家乡最后的时间，记录着救援者流下的汗水、泪水与鲜血，也保存着每个观众自己的汶川记忆。

（图片由5·12汶川特大地震纪念馆提供）

对 话

记住历史

访谈者

疏沛原

赵　毓　西北大学文化遗产学院助理工程师

访谈对象

马晓燕　5·12汶川特大地震纪念馆副主任

访谈者：5·12汶川特大地震纪念馆是一座以灾难为主题的博物馆，在您筹备策划整个展览的过程中，您首先想要表达的事件、人物或情感是什么？最后您是否表达了它，是如何表达的呢？

马晓燕：2008年5月12日发生的汶川特大地震，是中华人民共和国成立以来破坏性最强、波及范围最广、灾害损失最重、救灾难度最大的一次地震。面对突如其来的特大地震灾害，在党中央、国务院的坚强领导下，全党全军全国各族人民团结一心、共克时艰，以无所畏惧的英雄气概开展了我国历史上救援速度最快、动员范围最广、投入力量最大的抗震救灾和灾后重建斗争，夺取了抗震救灾的伟大胜利，创造了灾后恢复重建和发展振兴的中国奇迹，谱写了气壮山河的英雄史诗。

5·12汶川特大地震纪念馆常设展览"山川永纪"希望通过六大部分，真实记录抗震救灾、灾后重建和科学发展伟大历程，集中呈现汶川特大地震的巨大灾难，生动再现波澜壮阔的抗震救灾斗争，全面展现灾后恢复重建和科学发展取得

图1　展览中的灾后重建部分

的胜利，这是我们整个纪念馆和展览最核心的主题。所以展览展现的不仅仅是灾难发生的那一刻，更要聚焦灾难发生后的三大奇迹：抗震救灾、灾后重建、科学发展。

在抗震救灾的奇迹这个方面，展览内容就涵盖了多个部分：从宏观的国家体系到微观的基层组织，从人民军队的快速出动到新闻媒体的全程报道，从灾后的卫生防疫到心理干预等等。而关于灾后重建的奇迹，展览主要对"为什么汶川重建三年任务两年就能够基本完成？""为什么重建的速度这么快？"以及其他相关疑问进行了回答。最后一个是科学发展的奇迹，针对这个部分，纪念馆在中国共产党第十八次全国代表大会后，在展览中增加了一个板块，主要展示灾区人民在重建后所取得的辉煌成就，以及他们的生活现状等等，以此来回应到馆参观的观众需求。这里还要补充一点，纪念馆的展览一直都跟当下紧密相连，每五至十年会进行一次集中的改陈，后期会不断将当年地震灾区最新的发展成果融入展览。

我们希望观众在展览中不仅可以感受到普通人面临灾害时的感受，对生命有一个新的感知；更希望观众在看完整个展览之后，对国家、人民和中华民族的凝聚力有一个更深刻的感受。

访谈者：纪念馆在做这样的展览主题时，在展品选择上（从征集到展示）秉承怎样的标准呢？

马晓燕：纪念馆的这个展览与常规的历史类展览有所不同，展览大纲的撰写完全没有受到展品情况的限制，展品的征集和挑选往往是在展览叙事确定后才进行的，中间也不乏出现因为展览叙事的变动而临时征集展品的情况。而说到展览叙事，在筹备展览的前期，策展团队就确定展览要从灾害发生的那一刻开始讲故事，不仅要体现故事的主线和辅线，其他生动、感人的细节也要包含在内。换句话说，展览叙事要兼顾国家层面的宏观性与人民群众层面的生动性，强调点线面相结合。

在具体征集和挑选的过程中，我们秉承一个重要标准：关注物品背后的精神价值。在展览主线方面就收录了党和国家领导人的照片和影像资料，以及各级党委政府的相关文件、政策等；在辅线方面则收录了各行各业参与灾后救援重建的代表，像人民子弟兵、卫生防疫人员、新闻媒体人员以及众多普通人相关的物品或新闻报道等等，比如说大家熟知的"敬礼娃娃"郎铮、"芭蕾女孩"李月，以及创造了空降纪录的 15 名勇士都是展览叙事的构成之一。

访谈者：我在观看这场展览的时候，看到了不同的人物群像，有救灾的人，也有受灾的人。展览是通过怎样不同的手法和立场，来塑造这些不同人物的呢？

马晓燕：展览中，我们主要用"照片＋实物展品＋讲解"的方式塑造人物形象。为什么要强调讲解的存在，因为展览中很多展品就是我们日常生活中正在使用的物品，如果单独看展品的外观，可能很难理解展品展出的意义，但经过讲解之后，观众可能就理解了展品背后的含义和价值。目前纪念馆的语音讲解有很多个版本，具体以二维码的形式呈现。除了常规的讲解员版本以外，还有亲历者口述史的版本，后者是我们在纪念汶川地震 10 周年之际开展的。设置多个讲解版本主要是

"芭蕾女孩"李月

被埋废墟下70多个小时的北川
小学生李月被成功救出。截肢后的
李月参加了北京残奥会开幕式舞蹈
表演，被誉为"芭蕾女孩"。

图2　解放军某红军师官兵在北川县城幼儿园成功救出3岁幼儿郎铮。图为郎铮被抬出废墟时向解放军叔叔敬礼。

图3　埋在废墟下70多个小时的北川小学生李月被成功救出，截肢后的李月参加了北京残奥会开幕式舞蹈表演。

考虑到参观群体的多样性，每个群体的关注点、兴趣点会不一样，像有的讲解版本就偏重知识性，侧重讲解救援过程中使用的技术；而有的就偏重故事性，讲解被埋在建筑废墟下的人们在获救前的心路历程等等。我们也是想通过这种方式尽可能地服务到每一个参观群体。

在展厅环境营造方面，我们也非常重视，希望通过灯光的变化、巨幅的照片、视频的呈现来调动观众的视觉、听觉、触觉等多种感官。比如说展览序厅中名为"山川永纪"的青铜雕塑墙，该组雕塑刻画了96个人物来展现从灾害发生到重建新生的一个历程，给人以极大的视觉冲击。其余还有像灾难厅中使用受灾数据、折幕影院等形式来还原历史，让观众真切地感受到"旷世巨灾、受灾惨重"。我

图4 "山川永纪"青铜雕塑

们还有很多裸展的文物，像受损的交通工具、挤压变形的普通家庭生活用品——时钟、风扇、玩具等等，这些物品都是地震后我们从废墟里搜集来的。在具体展陈中，我们将一组裸展文物堆成了"人"字形的小山，在最上方放置了一个仰面朝天的洋娃娃，以此表达生命渴望新生的美好寓意。

此外，我们也有巨幅照片"心手相连"。这张照片是华西都市报记者在都江堰聚源中学拍摄的，照片中，一只是父亲的手，一只是失去生命的孩子的手，两只手紧紧相握，却间隔着生与死的距离，永远无法再聚。而照片下方的玻璃展柜中，陈列着许多鞋，这些鞋有的成双，有的只有一只；中间的四双鞋代表了一个家庭，男女老幼。在这场灾难中，无数家庭变得支离破碎，曾经的幸福与美好被无情地摧毁。这里所表达的情绪主要是悲怆、祈福。

展览中还有一组名为"生命奇迹"的图片，图片中的主人公都是被困100个小时以上的幸存者。要知道在救援界，他们认为灾难发生之后存在一个"黄金72小时"，在此时间段内，受灾者的存活率极高。但是救援人员坚持不抛弃、不放弃每一位生命，创造了一个又一个的生命奇迹。在每一张照片背后的故事中，我们会感受到生命之重，这样的人性之美在灾难的背景下显得尤为夺目。这里所

图 5 巨幅照片"心手相连"

图 6 "生命奇迹"图片组

表达的情绪主要是对生命的尊重。

　　在当时的情况下，灾情就是命令，时间就是生命。在灾难面前，人类的力量是渺小的，但地震后，我们却以惊人的意志、勇气、力量，组织开展抗震救灾斗争，谱写了感天动地的英雄凯歌。所以我们利用集中展示的图片、视频、实物，适当区域进行场景复原、氛围营造，来体现参与救灾的各种群体，面对特大灾难，基层党委和政府、群众发挥中流砥柱作用，人民解放军、武警、民兵预备役、消防、公安、医务工作者发挥了主力军和突击队的作用，还有参与抗震救灾的工程人员、新闻工作者等等，规模空前的生命大营救、历经险阻的千里大驰援，处处涌动着爱心大奉献，共克时艰的大协作，全国一盘棋，一方有难，八方支援。

访谈者：对于许多受灾群众来说，地震这段故事仍然是不愿回忆起的伤痛。展览中如何处理这样的伤痛，甚至是"黑色的记忆"？

马晓燕：这段伤痛对很多幸存者和参观者来说，转化成了对生命的加倍热爱，我们也会有伤痛，但并不"黑色"，因为它不仅承载着灾难与伤痛，更承载着大爱与希望。我们在陈展中，更多地表达对生命的热爱，全国人民的大爱，中华民族的凝聚力和战斗力，比如客观地讲述地震发生后的故事。实际上来讲，受灾情况在整个展览中所占比重不大，仅在"旷世巨灾 破坏惨重"部分，用巨幅照片，裸展受损的交通工具和生活用品等展示灾难破坏严重性，同时创造记忆环境，使观众体会到灾难的惨重；然后展示各路大军抗震救灾的过程，在中国共产党的领导下，在全国各族人民的团结努力下，在海外侨胞、国际友人的帮助下，创造了一个又一个的生命奇迹。很多观众参观完纪念馆以后，还会去纪念馆所辖的三个地震遗址看一看，去已经重建的城镇村落走一走，实实在在感受抗震救灾、灾后重建的整个过程。我们相信观众走一圈下来，不仅能够收获知识，收获力量，而且会在心中种下一颗"希望"的种子，对美好的未来抱有憧憬。

举例来说，每年纪念馆都会举办面向青少年的研学活动，在活动过程中，能感觉到青少年对于国家、对于民族有了更为深切的感受，多了一丝安全感和归属感。而且展览也传授给他们遇到类似的自然灾害时保护自己的方式与方法等。

总的来说，展览对观众的影响是全方位的。宏观层面上，展览展示了中国精神、中国力量，同时传递给观众一种讯息，即无论遇到什么样的灾难，人民的背后始终有党、有国家。微观层面呢，展览对于灾难面前个体的描绘，某种程度上也引发了观众的共鸣，观众会重新思考、重新面对自己生活过程中遇到的困难。

图7　济南军区某机步旅官兵不畏艰险，在四川省彭州市龙门山镇营救被困人员。

虽然我们没有强调灾难带来的苦痛，但是我们并没有选择回避这份苦痛。在纪念馆的一楼设置有缅怀厅，观众可抒发对逝者的缅怀。我们也保留了受难者视角的故事叙事。在开展后，我们也在持续进行口述史的征集工作，选择了当年亲自参与抗震救灾、灾后重建的集体和个人，用镜头记录下他们的亲身经历和现状、感悟。

访谈者：对于社会公众来说，当他们到一个地方旅游的时候，他们会把纪念馆、博物馆当成必须打卡的旅游景点。在这种背景下，汶川地震纪念馆作为一个潜在的"旅游景点"，您觉得观众对这座博物馆有着怎样的评价呢？

马晓燕：5·12汶川特大地震纪念馆自开馆以来，已接待了大量观众。目前也收集了各类参观群体的反馈，如果用一个词来形容，就是"震撼"；而且从观众的留言中看得出来，看完展览的感受远远超出他们参观之前的预期。因为大家可能通过新闻报道都知道汶川大地震的震级是8级，但对8级能带来的破坏程度可能没有概念。还有外国来的参观团队，会将中国的震后重建与其他国家相对比，对于中国在2年内基本完成灾后重建任务印象十分深刻……

除了刚刚提及的部分，观众在参观完展览后，基本上对于在抗震救灾过程中迸发的大爱，对于中国共产党和中国人民的强大力量，对于万众一心、众志成城、不畏艰险、百折不挠、以人为本、尊重科学的伟大抗震救灾精神等有了更为深刻的体会。

总的来说，参观5·12汶川特大地震纪念馆与一般的博物馆参观打卡有所不同。观众来到博物馆，不再关注展品的物质属性和历史价值，而是认真聆听展品背后所承载的可歌可泣的故事，更像是一场心灵上的旅行。

访谈者：今天的纪念馆与当地人、曾经的受灾群众之间还保持着怎样的互动呢？

马晓燕：纪念馆馆内目前共有100多位职员，其中有很大一部分都是当地人，从事着讲解、票务、安保、清洁等工作。除了这部分人员以外，当年参与灾后重建的、来自全国 20 余个省市的援建者仍然与纪念馆保持着密切的联系，当纪念馆到各地举办社会教育活动或征集博物馆藏品时，他们都在尽自己所能帮助我们。

另一方面，纪念馆会为有需要的人群提供纪念、凭吊的场所。北川老县城地震遗址作为纪念馆的一部分，当地人在春节、清明节、5 月 12 日等重要时间节点会前去纪念、凭吊逝去的亲人。提到 5 月 12 日，这里要多说两句。自 2009 年国家将每年的 5 月 12 日设定为全国防灾减灾日之后，纪念馆每年都会举办关于"防灾减灾"的主题活动，以此来提醒大家要重视防灾减灾，在面临自然灾害时，能够自救、互救，努力减少灾害损失。

除了刚刚谈到的几点之外，纪念馆也在积极响应绵阳市委市政府推进文旅融合发展的号召，定期推出研学游的课程，与当地政府联动，与其他旅游项目融合，进而提升当地老百姓的收入，促进相关产业的发展。

（图片由 5·12 汶川特大地震纪念馆提供）

后 记

全书的完成得益于诸多"同路人"的支持与帮助。

西北大学赵毓助理工程师、北京大学陈时羽博士直接参与了全书的统稿、编辑和部分文字写作工作。本书的架构与最终付梓都离不开文物出版社谷雨女士的贡献。北京大学郑昭琪、郭佳思同学帮忙完成了部分访谈稿的整理。邓晓珺女士完成了全书的展厅平面图的绘制。北京大学巨洒洒博士、张雅搽同学、杨丹侠同学，联合国教科文组织亚太地区世界遗产培训与研究中心（北京）朴俐娜项目专员一直在协助源流运动"观展"栏目的运行。同时，在联系各位策展人、学者，校对稿件，核实信息的过程中，也有诸多朋友们予以了最大程度的帮助，在此也一并致谢。